Hablar con Jesús

ORAR CON LA
EUCARISTÍA
ORACIÓN ANTE EL SAGRARIO
EXPOSICIÓN DEL SANTÍSIMO
BENDICIÓN DEL SANTÍSIMO

11ª Edición
Corregida y aumentada

José Pedro Manglano Castellary

DESCLÉE DE BROUWER

José Pedro Manglano Castellary
e-mail: josepedro@manglano.org
www. manglano.org

Henao, 6 - 48009 Bilbao
www.edesclee.com
info@edesclee.com

1ª edición: enero 1997
11ª edición: enero 2005

Impreso en España - Printed in Spain
ISBN: 84-330-1205-3
Depósito Legal: BI-3118/04
Impresión: RGM, S.A. - Bilbao

ÍNDICE:

Orar con la Eucaristía

El estar en vela, *atento, despierto, acompañando a Jesús durante la* **exposición prolongada de la Hostia** *sobre el altar es una tradición, que solemos vivir los primeros viernes de cada mes y en otras ocasiones en las que queremos tenerle más cerca por algún motivo.*

La **oración delante del sagrario** *la hacemos con frecuencia; cuando nos resulta posible, incluso a diario.*

Aquí tienes **algunos textos** *que te pueden servir para hablar con Él en esos ratos.*

1
Seis preguntas para hablar con Jesús

Que Jesús es tu amigo, lo sabes; que es bueno hablar con Él, también. Pero puedes decir: "¡es tan difícil mantener una conversación con Él! ¿de qué vamos a hablar? ¿sólo hablo yo?". Para aprender te servirá esto.

Aquí tienes seis temas para seis conversaciones con Él. Te pongo escritas cosas que perfectamente te puede decir Dios a ti. Contéstale y charla con Él.

Empieza de rodillas, con esta oración introductoria, que será una forma de saludo. Después, siéntate y continua:

"Señor mío y Dios mío, creo firmemente que estás aquí, que me ves, que me oyes. Te adoro con profunda reverencia, te pido perdón de mis pecados y gracia para hacer con fruto este rato de oración. Madre mía Inmaculada, San José, mi Padre y Señor, ángel de mi guarda, interceded por mí".

"Hola Jesús, aquí me tienes otra vez para hacerte un rato de compañía...".

1.1 – ¿Necesitas pedirme algo en favor de alguna persona?

Dime de quiénes se trata y qué bienes quieres para ellos. Acuérdate de lo que dije y han recogido los evangelios: "Pedid y recibiréis, buscad y hallaréis, llamad y se os abrirá". Pide, pide mucho, que a mí me agradan los corazones generosos, que olvidándose de sí mismos se preocupan de las necesidades de los demás. Háblame de tu familia, de tus amigos. ¿Quieres que les ayude en algo?

2.1 – ¿Y para ti no necesitas nada?

Hazme, si quieres, una lista de tus necesidades y ven a leerla en mi presencia. Háblame de lo que te cuesta, de tus flaquezas y debilidades. Cuéntame cuándo has sentido el aguijón de la soberbia o de la sensualidad, la tentación de la comodidad o del egoísmo... Pídeme luego que venga en ayuda de esos esfuerzos que haces –pocos o muchos– para luchar contra esas miserias. No te avergüences: hay en el cielo tantos santos que tuvieron esos mismos defectos que tú tienes... y lucharon... y recomenzaron esa lucha muchas veces... y poco a poco fueron mejorando. No vaciles en pedir cualquier tipo de bienes, que te concederé lo que más convenga para tu santificación. ¿Qué puedo hacer por tu bien?

3.1 **– Cuéntame qué planes tienes.** ¿Qué te preocupa? ¿En qué piensas? ¿Qué deseas? ¿Qué cosas llaman hoy especialmente tu atención? ¿Cuáles son tus ilusiones?

4.1 **– ¿Sientes acaso tristeza por algún motivo?**

Cuéntame tus tristezas con todo detalle. ¿No os dije: "Venid a mí todos los que estáis cansados y agobiados, que Yo os aliviaré"? ¿Quién te ha ofendido? Acércate a mi Corazón, tantas veces lastimado por los hombres, y encontrarás consuelo y remedio para las heridas que haya en el tuyo. Cuéntamelo todo y verás cómo es fácil perdonar y hacer el bien a los demás. ¿Temes algún mal? Ponte en mis brazos y en los de mi Madre, que tanto te quiere. Contigo estoy, aquí a tu lado me tienes. Todo lo conozco y nunca te abandonaré.

5.1 **– ¿Y no tienes alguna alegría que comunicarme?**

Cuéntame lo que desde la última vez que hablamos te ha salido bien o ha hecho sonreír a tu corazón. Quizás has tenido agradables sorpresas, has recibido muestras de cariño, has vencido dificultades o has salido de apuros... ¿Pensabas que Yo no tenía nada que ver con todo eso? ¿Por qué entonces has tardado tanto en agradecérmelo? También a mí me gusta alegrarme con tus alegrías. Cuando dais gracias os resulta más fácil caer en la cuenta de que Yo estoy pendiente siempre de vosotros.

6.1 **– ¿Concretamos algún propósito?** Sabes bien que nuestra intimidad será mayor en la medida en que te esfuerces por amarme y mejorar con mi ayuda. Es el momento de la sinceridad ¿Tienes la firme resolución de evitar toda ocasión de pecado? ¿Volverás a ser amable con aquellas personas que te cuesta tratar? ¿Deseas elegir siempre el camino del amor aunque implique sacrificios? ¿Te esforzarás por trabajar mejor? ¿Procurarás tenerme presente en todas tus acciones? ¿Volverás a mí siempre, pase lo que pase? ¿Seguiremos hablando mañana? Ahora vuelve a tus ocupaciones habituales, a tu trabajo... pero no olvides la conversación que hemos tenido aquí los dos, procura vivir en todo la caridad, ama a mi Madre, que lo es tuya también, y cuenta con mi ayuda para portarte como un buen hijo.

Puedes acabar con esta oración:

"Te doy gracias, Dios mío, por los buenos propósitos, afectos e inspiraciones que me has comunicado en este rato de oración. Te pido ayuda para ponerlos por obra. Madre mía Inmaculada, San José, mi Padre y Señor, ángel de mi guarda, interceded por mí".

VERDAD

2
Eucaristía y verdad

Repasa el contenido de esta verdad que conocemos por la fe. Estos textos hablan ***del qué y el por qué del misterio*** *del Cuerpo y Sangre de Cristo; también hablan de* ***qué puede significar esta verdad****, y de cómo recibirle. Después de leer cada uno, dale vueltas y habla con Dios aplicándolos a tu vida.*

Éste es mi cuerpo

1.2 "Mientras comían, Jesús tomó pan, lo bendijo, lo partió y, dándoselo a los discípulos, dijo: Tomad y comed, éste es mi cuerpo. Y tomando un cáliz y dando gracias, se lo dio, diciendo: Bebed de él todos, que ésta es mi sangre de la alianza, que será derramada por muchos para remisión de los pecados.

Yo os digo que no beberé más de este fruto de la vid hasta el día en que lo beba con vosotros de nuevo en el reino de mi Padre".

Mateo 26, 26-29

La carne del Hijo del hombre

2.2 "Disputaban entre sí los judíos, diciendo: ¿Cómo puede éste darnos a comer su carne? Jesús les dijo: En verdad os digo que si no coméis la carne del Hijo del hombre y no bebéis su sangre, no tendréis vida en vosotros. El que come mi carne y bebe mi sangre tiene vida eterna y yo le resucitaré el último día. Porque mi carne es verdadera comida y mi sangre es verdadera bebida. El que come mi carne y bebe mi sangre está en mí y yo en él. Así como el Padre que me envió vive y yo vivo por el Padre, así, aquél que me come vivirá por mí. Este es el pan bajado del cielo; no como el pan que comieron los padres y murieron; el que come este pan vivirá para siempre. Esto lo dijo enseñando en una sinagoga en Cafarnaúm".

Juan 6, 52-59

Presencia real

3.2 En el santísimo sacramento de la Eucaristía están "contenidos verdadera, real y sustancialmente el Cuerpo y la Sangre junto con el alma y la divinidad de nuestro Señor Jesucristo, y, por consiguiente, Cristo entero". "Esta presencia se denomina real, no a título exclusivo, como si las otras presencias no fuesen reales, sino por excelencia, porque es sustancial, y por ella Cristo, Dios y hombre, se hace totalmente presente".

Catecismo n. 1374

Misterio de fe

4.2 Por la consagración del pan y del vino se opera el cambio de toda la substancia del pan en la substancia del Cuerpo de Cristo, nuestro Señor y de toda la substancia del vino en la substancia de su Sangre. La Iglesia católica ha llamado justa y apropiadamente a este cambio transubstanciación".

Catecismo n. 1376

Cristo todo entero

5.2 La presencia eucarística de Cristo comienza en el momento de la consagración y dura todo el tiempo que subsistan las especies eucarísticas. Cristo está todo entero presente en cada una de las especies y todo entero en cada una de sus partes, de modo que la fracción del pan no divide a Cristo.

Catecismo n. 1377

Sólo por la fe

6.2 "La presencia del verdadero Cuerpo de Cristo y de la verdadera Sangre de Cristo en ese sacramento, no se conoce por los sentidos, dice Santo Tomás, sino sólo por la fe, la cual se apoya en la autoridad de Dios. Por ello, comentando el texto de S. Lucas 22, 19: *Esto es mi Cuerpo que será entregado por vosotros*, S. Cirilo declara: no te preguntes si esto es verdad, sino acoge más bien con fe las palabras del Señor, porque Él, que es la Verdad, **no miente**".

Catecismo n. 1381

Un solo Cristo

7.2 "El Cristo eucarístico se identifica con el Cristo de la historia de la eternidad. No hay dos Cristos, sino uno solo. Nosotros poseemos, en la Hostia, al Cristo de todos los misterios de la Redención: al Cristo de la Magdalena, del hijo pródigo y de la Samaritana, al Cristo del Tabor y de Getsemaní, al Cristo resucitado de entre los muertos, sentado a la diestra del Padre [...]. Esta maravillosa presencia de Cristo en medio de nosotros debería revolucionar nuestra vida [...]; está aquí con nosotros: en cada ciudad, en cada pueblo [...]".

M.M. Philipon

El momento de la despedida

8.2 "¡Cuántas veces en nuestra vida hemos visto separarse a dos personas que se aman!

Y en la hora de la partida, un gesto, una fotografía, un objeto que pasa de una mano a otra para prolongar de algún modo la presencia en la ausencia. Y nada más. El amor humano sólo es capaz de estos símbolos.

En testimonio y como lección de amor, en el momento de la despedida, 'viendo Jesús que llegaba su hora de pasar de este mundo al Padre, habiendo amado a los suyos que estaban en el mundo, los amó hasta el fin' (Joh. 13, 1).

Así, al despedirse, Nuestro Señor Jesucristo verdadero Dios y verdadero hombre, no deja a sus amigos un símbolo, sino la realidad de Sí mismo. Va junto al Padre, pero permanece entre nosotros los hombres. No deja un simple objeto para evocar su memoria. Bajo las especies del pan y del vino está Él, realmente presente, con su Cuerpo y su Sangre, su alma y su divinidad".

Juan Pablo II. Fortaleza (Brasil), 9-VII-1980

9.2 En la Eucaristía concreta su amor a mí

"¡No olvidéis que Jesús ha querido permanecer presente realmente en la Eucaristía, misterio inmenso, pero realidad segura, para concretar de modo auténtico este amor suyo individual y salvífico!".

Juan Pablo II. Roma, 11-III-1979

¡Cristo vive!

10.2 "Ese mismo sacrificio redentor de Cristo se actualiza sacramentalmente en cada Misa que se celebra, quizá muy cerca de vuestros lugares de estudio y de trabajo. No es Jesús, por tanto, alguien que ha dejado de actuar en nuestra historia. ¡No! ¡Él vive! Y continúa buscándonos a cada uno para que nos unamos a Él cada día en la Eucaristía, también, si es posible, acercándonos –con el alma en gracia, limpia de todo pecado mortal– a la comunión".

Juan Pablo II. Buenos Aires, 11-IV-1987

Adorar a Cristo en el Sagrario

11.2 "Cristo se queda en medio de nosotros. No sólo durante la Misa, sino también después, bajo las especies reservadas en el Sagrario. Y el culto eucarístico se extiende a todo el día, sin que se limite a la celebración del Sacrificio. Es un Dios cercano, un Dios que nos espera, un Dios que ha querido permanecer con nosotros. Cuando se tiene fe en esa presencia real, ¡qué fácil resulta estar junto a Él, adorando al amor de los amores!, ¡qué fácil es comprender las expresiones de amor con que a lo largo de los siglos los cristianos han rodeado la Eucaristía!".

Juan Pablo II. Lima, 15-VI-1988

Está disponible

12.2 "Jesús se esconde en el Santísimo Sacramento del altar, para que nos atrevamos a tratarle, para ser el sustento nuestro, con el fin de que nos hagamos una sola cosa con Él. Al decir *sin mí no podéis nada*, no condenó al cristiano a la ineficacia, ni le obligó a una búsqueda ardua y difícil de su Persona. Se ha quedado entre nosotros con una disponibilidad total".

Beato Josemaría. Es Cristo que pasa, n. 153

Permanece para...

13.2 "Nuestro Dios ha decidido permanecer en el Sagrario para alimentarnos, para fortalecernos, para divinizarnos, para dar eficacia a nuestra tarea y a nuestro esfuerzo.

Es la espera de Dios, que ama a los hombres, que nos busca, que nos quiere tal como somos –limitados, egoístas, inconstantes–, pero con la capacidad de descubrir su infinito cariño y de entregarnos a Él enteramente.

¡Jesús se ha quedado en la Hostia Santa por nosotros!: para permanecer a nuestro lado, para sostenernos, para guiarnos. –Y amor únicamente con amor se paga".

Beato Josemaría. Es Cristo que pasa, n. 153

Examínese cada cual

14.2 Para responder a esta invitación, debemos prepararnos para este momento tan grande y santo. San Pablo exhorta a un examen de conciencia: "quien coma el pan o beba el cáliz del Señor indignamente, será reo del Cuerpo y de la Sangre del Señor. Examínese pues, cada cual, y coma entonces del pan y beba del cáliz. Pues quien come y bebe sin discernir el Cuerpo, come y bebe su propio castigo". Quien tiene conciencia de estar en pecado grave debe recibir el sacramento de la Reconciliación antes de acercarse a comulgar.

Ante la grandeza de este sacramento, el fiel sólo puede repetir humildemente y con fe ardiente las palabras del Centurión: "Señor, no soy digno de que entres en mi casa, pero una palabra tuya bastará para sanarme".

Catecismo n. 1385

Jamás dejéis la Misa dominical

15.2 "Que vuestra fidelidad se manifieste especialmente en la participación litúrgica dominical y festiva: jamás dejéis la Santa Misa y, si os es posible, no dejéis jamás el encuentro con Cristo en la comunión eucarística".

Juan Pablo II. Velletri (Italia), 8-IX-1980

¿Qué haríamos sin él?

16.2 "La Eucaristía sobrepasa toda capacidad humana de comprensión.

Hay que aceptarla con una fe y un amor profundos.

Jesús ha querido dejarnos la Eucaristía para que no olvidásemos lo que Él ha venido a hacer y a revelarnos.

¿Seríamos capaces de imaginarnos lo que sería de nuestras vidas sin Eucaristía?".

Teresa de Calcuta

17.2 El hombre necesita la Eucaristía

"Cristo vino al mundo para comunicar al hombre la vida divina. No sólo anunció la buena nueva, sino que, además, instituyó la Eucaristía, que debe hacer presente hasta el final de los tiempos su misterio redentor. Y, como medida de expresión, escogió los elementos de la naturaleza: el pan y el vino, la comida y la bebida que el hombre debe tomar para mantenerse en vida. La Eucaristía es precisamente esta comida y esta bebida. Este alimento contiene en sí todo el poder de la Redención realizada por Cristo. Para vivir, el hombre necesita la comida y la bebida. Para alcanzar la vida eterna, el hombre necesita la Eucaristía. Ésta es la comida y la bebida que transforma la vida del hombre y le abre el horizonte de la vida eterna. Al comulgar el Cuerpo y la sangre de Cristo, el hombre lleva en sí mismo, ya aquí en la tierra, la semilla de la vida eterna, pues la Eucaristía es el sacramento de la vida en Dios. Cristo dice: 'Lo mismo que el Padre, que vive, me ha enviado y Yo vivo por el Padre, también el que me coma vivirá por Mí'".

Juan Pablo II

Expresa su amor haciéndole carne

18.2 "Hay una posibilidad extrema de darse unos a otros, la implicación corporal: ahorrar a otro un paseo o un viaje fatigoso, recibir una paliza por otro, dar la vida por otro si llega el caso. En estos actos de donación, el cuerpo no es sólo un instrumento útil, es la expresión específica de nuestros sentimientos, que en virtud de la implicación o el riesgo corporal no es un simple deseo piadoso, sino que se convierte en una acción eficaz. Todos estos casos suponen un descenso del espíritu de su orgullosa altura solitaria, y en esto consiste precisamente lo gratificante. Como si la salida liberadora no estuviera en lo más alto, en el tejado, sino en lo más bajo, en el primer piso (...).

'El Verbo de Dios se hizo carne'. Carne significa, naturalmente, hombre. Pero hombre significa igualmente también carne. 'El Verbo se hizo espíritu' no nos serviría de nada. Realmente, Él puede darse a nosotros sólo como carne. Lo que Dios tiene que decirnos, nos lo dice ahora corporalmente, con su carne y su sangre. Pero entonces esta carne y sangre es también realmente una comunicación, una palabra, un don, una entrega de un tipo completamente particular, por ser divina. Cuando los cristianos reciben la santa comunión, la Eucaristía, muchas veces no piensan más que en la carne y la sangre, y olvidan que «El *Verbo* se hizo carne». Olvidan que lo que reciben es una Palabra que Dios les dirige. La Palabra más profunda posible, que trasciende todos los conceptos y que está llena de sentido. Una Palabra que se asemeja a las palabras de verdadera entrega humana en que es una palabra corpórea, hecha cuerpo. Una palabra, que sin embargo, al superar cualquier entrega humana, hace posible lo imposible: entregarse a mí como cuerpo entero, como carne y sangre".

H.U. von Balthasar, Corpus Christi

La Eucaristía prueba su amor

19.2 "Es fácil decir 'te quiero'. Pero hay que demostrarlo. Las obras que demuestran las palabras son siempre también corporales. Hacemos algo por la persona amada, nos esforzamos, nos arriesgamos por ella, le damos parte de nuestro propio tiempo. Esto es a menudo una prueba mejor que las entregas sexuales, que entre nosotros, los seres humanos, con harta frecuencia son sólo un egoísmo encubierto, egoísmo a dúo, y que necesitan otras obras más cotidianas, para acrisolarse internamente y demostrar que se es desinteresado. También en el amor entre las personas, por tanto, la palabra tiene que hacerse carne, para probar su verdad".

H.U. von Balthasar, Corpus Christi

Nos ofrece superar nuestros límites

20.2 "Sólo la Palabra de Dios, que se hizo carne y habitó entre nosotros, la palabra infinita e ilimitada, puede hacer el milagro de superar estos límites como ser corpóreo: 'Comed, esto es mi cuerpo; bebed, ésta es mi sangre'. Meted dentro de vosotros lo que parece que sólo está al lado de vosotros: y del mismo modo que yo puedo superar los límites, también vosotros, cuando me recibís, dejáis vuestros límites. No como si vuestra autoconciencia tuviera que desaparecer absorbida en la mía. No como si tuvierais que imaginaros que os hacéis Yo. Sino en el sentido de que en mí, la Palabra de Dios hecha carne, lleváis una vida nueva, liberada de vuestra estrechez común, intercambiada, una vida de 'communio', una vida como de miembros en la circulación de la sangre de mi vida entera.

Éste es el ofrecimiento de Dios a nosotros hoy".

H.U. von Balthasar, Corpus Christi

3
Eucaristía y vida

VIDA

Reflexiones de personas que han creído en el misterio de Jesús Eucaristía que pueden ser tema de pensamiento y conversación con Él.

Lo tenemos entre nosotros

1.3 "Más dichosos que los santos del Antiguo testamento, no solamente poseemos a Dios por la grandeza de su inmensidad, en virtud de la cual se halla en todas partes, sino que le tenemos con nosotros como estuvo en el seno de María durante nueve meses, como estuvo en la cruz. Más afortunados aún que los primeros cristianos, quienes hacían cincuenta o sesenta leguas de camino para tener la dicha de verle. Nosotros lo poseemos en cada parroquia, cada parroquia puede gozar a su gusto de tan dulce compañía. ¡Oh, pueblo feliz!".

Santo Cura de Ars, Sermón sobre el Corpus Christi

2.3 "Todo ser humano siente nostalgia de Dios. Pero los cristianos disfrutan del tesoro de tenerlo entre ellos".

Teresa de Calcuta

3.3 "La Eucaristía es, efectivamente, Jesús que permanece en nosotros de forma verdadera y real, aun cuando ante nosotros aparezca bajo los signos sacramentales del pan y el vino. Estos, es cierto, no nos permiten la alegría de su visión sensible, pero nos ofrecen la seguridad de su presencia real y la ventaja de poder estar presente en todos los lugares y en todos los tiempos. La Eucaristía es, así, el punto privilegiado del encuentro del amor de Cristo hacia nosotros: 'Permaneced en mi amor'".

Juan Pablo II

Ahí se nos desvela

4.3 "Todos sabemos que la misma cosa en tiempos y circunstancias diversas produce efectos diferentes. Un dicho de la Escritura ha podido leerse, oírse o pronunciarse cien veces y haber captado en cierto modo su sentido, pero puede no haber sido penetrado en lo profundo y quedarse en la superficie, como una semilla en un terreno pedregoso que no puede germinar.

Y, sin embargo, en un momento todo puede insinuarse, afirmarse y convertirse en luz que brilla, luz como un fulgor que abre camino y que ilumina los misterios de la fe y alumbra nuestro camino existencial envuelto en tinieblas. Y esto sucede sobre todo si estamos ante el Salvador eucarístico. A aquél que se acerca a Él y le abre su alma, poniéndola en sus manos como material que espera ser forjado, a éste le forma. Abre los ojos del espíritu y les hace capaces de ver y comprender lo que está escrito, y abre los oídos dándoles la capacidad de percibir, y abre los labios para que sean anunciadores cuándo, cómo y dónde sea necesario".

Edith Stein, "Colaboración de las instituciones conventuales..."

5.3 "Recibir la Eucaristía significa transformarse en Cristo, permanecer en Él, vivir para Él. El cristiano, en el fondo, debe tener una sola preocupación y una sola ambición: vivir para Cristo tratando de imitarlo en la obediencia suprema al Padre, en la aceptación de la vida y de la historia, en la total dedicación de la caridad, en la bondad comprensiva y, sin embargo, austera. Por esto, la Eucaristía se convierte en programa de vida".

Juan Pablo II

Descubrir sagrarios

6.3 "Os diré que para mí el Sagrario ha sido siempre Betania, el lugar tranquilo y apacible donde está Cristo, donde podemos contarle nuestras preocupaciones, nuestros sufrimientos, nuestras ilusiones y nuestras alegrías, con la misma sencillez y naturalidad con que hablaban aquellos amigos suyos, Marta, María y Lázaro. Por eso, al recorrer las calles de alguna ciudad o de algún pueblo, me da alegría descubrir, aunque sea de lejos, la silueta de una iglesia: es un nuevo Sagrario, una ocasión más de dejar que el alma se escape para estar con el deseo junto al Señor Sacramentado".

Beato Josemaría, Es Cristo que pasa

Hacerle sitio

7.3 "En nuestra vida tenemos que hacer sitio para el Salvador eucarístico, para que Él pueda transformar nuestra vida en la suya: ¿acaso significa esto pedir demasiado? Para tantas cosas inútiles se encuentra tiempo: para leer cosas sin valor en libros, revistas y diarios; para pasarnos horas enteras en los cafés, o para malgastar un cuarto o media hora en la calle: todas 'distracciones' en las que se desperdician tiempo y fuerzas de modo fragmentario.

¿No sería posible ahorrar una hora en la mañana, en la que recogerse en vez de distraerse, en la que no se malgasten las fuerzas, sino que se ganen para cubrir los esfuerzos de la jornada?".

Edith Stein, El misterio de la Navidad

Dejarnos conquistar

8.3 "¿Quién podría participar con empatía de espíritu y corazón en la Eucaristía sin quedar atrapado por el espíritu de sacrificio, por el deseo de empeñarse con su vida y su existencia en la gran obra de Redención del Salvador?".

Edith Stein, El misterio de la Navidad

Eucaristía y los demás

9.3 "Si comprendemos verdaderamente la Eucaristía; si la convertimos en el tema central de nuestras vidas; si nos alimentamos con la Eucaristía, no tendremos dificultad alguna en descubrir a Cristo, amarlo y servirlo en los pobres".

Teresa de Calcuta

10.3 "Cristo se trocó en pan de vida. Convirtiéndose en pan, se puso por completo a nuestra disposición de manera que, tras alimentarnos con Él, tuviésemos la fuerza necesaria para entregarnos a los demás".

Teresa de Calcuta

11.3 La autenticidad de nuestra unión con Jesús sacramentado ha de traducirse en nuestro amor verdadero a todos los hombres, empezando por quienes están más próximos. Habrá de notarse en el modo de tratar a la propia familia, compañeros y vecinos; en el empeño por vivir en paz con todos; en la prontitud para reconciliarse y perdonar cuando sea necesario.

12.3 "Se ve nuestra unión con Jesús Eucaristía en si tratamos o no de estar reconciliados con nuestros enemigos, en si perdonamos a quienes nos hieren u ofenden. Quedará verificado si practicamos en la vida lo que nos enseña nuestra fe".

Juan Pablo II

Alimento duradero

13.3 "'El que come mi carne y bebe mi sangre tiene la vida eterna' (Jn 6, 54). El Salvador, que sabe muy bien que somos hombres y que permanecemos hombres, que cada día tenemos que luchar con debilidades humanas, viene en ayuda de nuestra humanidad de manera verdaderamente divina. Así como el cuerpo terrenal necesita del pan cotidiano, el cuerpo espiritual necesita de un sustento duradero.

'Este es el pan vivo bajado del cielo' (Jn 6, 58). Quien hace de Él su pan cotidiano deja que se haga realidad cotidiana en sí mismo el misterio de la Navidad, de la Encarnación del Verbo. Y ése es el camino seguro para alcanzar el 'ser uno con Dios', y para crecer cada día con mayor fuerza y profundidad en el Cuerpo Místico de Cristo.

Sé muy bien que para muchos puede parecer esto un deseo demasiado radical. En la práctica significa, para la mayoría de los que comienzan de nuevo, un cambio total de la vida interior y exterior.

¡Y así tiene que ser!".

Edith Stein, El misterio de la Navidad

14.3 "La Misa es el alimento espiritual que me sustenta.

Sin ella no lograría mantenerme en pie un día, ni siquiera una hora de mi vida.

En la Misa, Jesús se nos presenta bajo las apariencias de pan, mientras que en los suburbios vemos a Cristo y lo tocamos en los cuerpos desgarrados, lo mismo que lo vemos y tocamos en los niños abandonados".

Teresa de Calcuta

15.3 "Comer aquella comida y beber aquella bebida es permanecer en Cristo y tener a Cristo como huésped dentro de ti.

Si no permaneces en Cristo y Cristo no está en ti, sin duda que no comes espiritualmente su carne ni bebes su sangre, aunque carnal y visiblemente comas el sacramento del cuerpo y de la sangre de Cristo. Más bien comes y bebes para tu condenación un sacramento de tanto valor, al presumir acercarte sin la debida pureza a los misterios de Cristo.

Para que no le comas y bebas para tu condonación, vive bien.

Sé predicador, no de sermones, sino con tu buena conducta. Así otros se apresurarán a imitarte sin el peligro de que, al hacerlo, trabajen en su propia ruina".

S. Agustín, In Io 26, 18

16.3 "A quienes dicen admirar mi coraje tengo que decirles que carecería por completo de él si no estuviese convencida de que cada vez que toco el cuerpo de un leproso, el de alguien que despide un olor insoportable, estoy tocando el cuerpo de Cristo, el mismo Cristo a quien recibo en la Eucaristía".

Teresa de Calcuta

17.3 "Sólo mediante la Eucaristía es posible vivir las virtudes heróicas del cristianismo: la caridad hasta el perdón de los enemigos, hasta el amor a quien nos hace sufrir, hasta el don de la propia vida por el prójimo; la castidad en cualquier edad y situación de la vida; la paciencia, especialmente en el dolor y cuando se está desconcertado...".

Juan Pablo II

18.3 "Si lo recibís bien, seréis vosotros lo mismo que recibís".

S. Agustín, Serm 227

19.3 "Postrémonos con frecuencia y prolongadamente en adoración delante de cristo Eucaristía. Entremos, de algún modo, «en la escuela» de la Eucaristía. Muchos sacerdotes, a través de los siglos, han encontrado en ella el consuelo prometido por Jesús la noche de la Última Cena, el secreto para vencer su soledad, el apoyo para soportar sus sufrimientos, el alimento para retomar el camino después de cada desaliento, la energía interior para confirmar la propia elección de fidelidad. El testimonio que daremos al pueblo de Dios, en la celebración eucarística, depende mucho de nuestra relación personal con la Eucaristía".

Juan Pablo II, Carta a los sacerdotes, 23.III.2000

20.3 "Cuando recibas tu primera Comunión no creas que tus sentimientos van a ser intensos como quisieras o, por lo menos, ni lo pidas ni lo esperes. Naturalmente pueden serlo, pero también puede suceder que no. En ese caso no te preocupes, eso no es lo importante. Igual que a un hambriento le alimenta un plato de comida, aun cuando esté tan acatarrado que apenas pueda saborearlo, a ti te van a enriquecer los sacramentos, aunque al recibirlos no sientas todo lo que desearías. A veces Dios nos concede emociones profundas y hemos de agradecérselo. Ahora bien, otras veces no lo hace y, entonces, debemos decirle a Él y decirnos a nosotros mismos que Él sabe mejor lo que nos conviene. Este, dicho sea de paso, es uno de los poquísimos temas de los que creo saber algo. Desde que empecé a comulgar asiduamente y durante muchos años, no te puedes imaginar lo pobres que eran mis sentimientos y cómo me distraía en los momentos decisivos. Hace sólo un año o tal vez dos, todo empezó a mejorar. Esto demuestra que es fundamental seguir cumpliendo con lo que nos han enseñado".

C. S. Lewis, Carta 3.IV.1949

Consacrificarnos con Cristo

21.3 "Es éste uno de los efectos que proceden del Salvador eucarístico: pone sobre nosotros su mano cuando nos acercamos a Él, y mucho más aún si participamos en el Santo Sacrificio del modo conveniente, es decir, si no nos limitamos solamente a intervenir, observar y escuchar, sino que participamos en el sacrificio, *con-sacrificamos*, nos ofrecemos sin reservas para ser cogidos y transformados, cogidos y ofrecidos en el sacrificio con Él. El Salvador puede entrar realmente en aquél que se acerca al altar con esos sentimientos, incorporarse con él, haciéndole un miembro del propio cuerpo, un sarmiento de la vid del Señor".

Edith Stein, Colaboración de las instituciones...

22.3 "Vivir eucarísticamente significa salir de las angustias de la propia vida y adentrarse en el horizonte infinito de la vida de Cristo. Quien busca al Señor en Su casa, no se preocupará tan solo de hablarle de sí mismo y de sus preocupaciones. Empezará a interesarse de las preocupaciones del Señor".

Edith Stein, El misterio de la Navidad

23.3 "Para que la vida de una mujer sea modelada íntimamente por el amor divino, es necesario que lleve una vida eucarística. Olvidarse de sí misma, liberarse de todo deseo y pretensión personal, tener un corazón abierto a las necesidades de los otros... Lo cual puede darse solamente si se vive en relación íntima con el Salvador en el tabernáculo.

Quien visita al Dios eucarístico y en Él busca consejo en toda necesidad, quien se deja purificar por la fuerza que emana del sacrificio del altar y se ofrece a sí mismo al Salvador en este sacrificio, quien lo recibe en la Comunión en lo más íntimo de su alma, será atraído continuamente cada vez más, hacia la corriente de la vida divina, crecerá en el Cuerpo Místico de Cristo y su corazón se configurará con el corazón divino".

Edith Stein, Ethos de la profesión femenina

4
Tú le dices

Con estas letras puedes hacer muy buena oración, diciéndole esas cosas y comentándoselas.

1.4 "¡Amor! Tú eres fortísimo, pero a la vez yo te veo debilísimo. Fortísimo, pues nadie se te puede oponer; y debilísimo, puesto que una miserable criatura como yo te vence, te supera llamándote Amor".

Sta María Magdalena

2.4 "Jesús, ¿quieres mis manos para pasar este día ayudando a los pobres y enfermos que lo necesitan?

Señor, hoy te doy mis manos.

Señor, ¿quieres mis pies para pasar este día visitando a aquellos que tienen necesidad de un amigo?

Señor, hoy te doy mis pies.

Señor, ¿quieres mi voz para pasar este día hablando con aquellos que necesitan palabras de amor?

Señor, hoy te doy mi voz.

Señor, ¿quieres mi corazón para pasar este día amando a cada hombre sólo porque es un hombre?

Señor, hoy te doy mi corazón".

Teresa de Calcuta

3.4 ¿Cómo actuarías hoy, Jesús, si tuvieses
mis manos, mis ojos y mi lengua;
si tuvieses mi energía y mi tiempo,
mi familia, mis amigos y mi trabajo?
Pues hoy te dejo que seas yo:
¡que seas Tú quien viva en mí!
Quiero ser Tú, el Hijo, que pasa hoy por el mundo:
que transmita tu mirada, tu sonrisa y tu consuelo,
que lleve tu paz, tu ayuda y tu palabra,
que realice tu servicio, tu entrega y tu amor.
Padre, transfórmame todo en Cristo, dame su espíritu,
para que sea el Hijo entre los hombres.
Amén.

4.4 "Embriágame, Señor de la abundancia de tu casa y dame de beber del torrente de tus delicias.

Porque en ti está la fuente de mi vida; no en parte alguna fuera de ti, sino en ti únicamente está la fuente de la vida.

Quiero beber para vivir; no quiero vivir mi vida, que sería como perderme, ni alimentarme de mí mismo, que sería aridecer, sino que anhelo poner mi boca en el surtidor de la fuente, donde jamás disminuye el agua.

Quitaré de en medio todas las falsas y culpables excusas, y acudiré al banquete que debe interiormente nutrirme.

No me sirva de impedimento la arrogante soberbia. No, que no me haga altivo la soberbia. Ni siquiera me entretenga la ilícita curiosidad, y me aleje de ti. No me impida el placer carnal gustar el del corazón".

S. Agustín, In Io 25, 17

5.4 "Haz que me acerque y me nutra; deja que me acerque, no obstante ser mendigo, débil, inválido y ciego.

A nuestra cena no vienen los ricos sanos, los que creen caminar bien y tener bien despierta la vista; los que presumen mucho de sí mismos y son, por ende, tanto más incurables cuanto más soberbios.

Yo me acercaré como mendigo, porque me invitas Tú, que por mí te hiciste pobre siendo rico, a fin de enriquecerme con tu pobreza.

Me acercaré como débil, porque no son los sanos los que necesitan de médico, sino los que han perdido la salud.

Me acercaré como inválido y te diré: «Afianza mis pasos en tus caminos».

Me acercaré como ciego, y te diré:

«Ilumina mis ojos, pasa que yo no me duerma con sueño de muerte»".

S. Agustín, Serm 112, 8

6.4 "Ayúdame, Jesús a desear:
Que los demás sean
más amados que yo,
Que los demás se sean
más apreciados que yo,
Que los demás crezcan
y yo disminuya a los ojos del mundo,
Que los demás sean alabados
y yo pase oculto,
Que los demás sean preferidos
a mí en todo,
Que los demás sean más santos que yo,
siempre que yo alcance la santidad que
Tú quieres".

Rezada por Merry del Val

7.4 "Te adoro con devoción, Dios escondido, oculto verdaderamente bajo estas apariencias. A ti se somete mi corazón por completo y se rinde totalmente al contemplarte.

Al juzgar de ti, se equivocan la vista, el tacto, el gusto, pero basta con el oído para creer con firmeza; creo todo lo que ha dicho el Hijo de Dios; nada es más verdadero que esta palabra de verdad.

En la Cruz se escondía sólo la Divinidad, pero aquí también se esconde la Humanidad; creo y confieso ambas cosas, y pido por lo que pidió el ladrón arrepentido.

No veo las llagas como las vio Tomás, pero confieso que eres mi Dios; haz que yo crea más y más en ti, que en ti espere, que te ame.

¡Oh memorial de la muerte del señor! pan vivo que da la vida al hombre; concédele a mi alma que de ti viva, y que siempre saboree tu dulzura.

Señor Jesús, bondadoso pelícano, límpiame a mí, inmundo, con tu Sangre, de la que una sola gota puede librar de todos los crimenes al mundo entero.

Jesús, a quien ahora veo escondido, te ruego que se cumpla lo que tanto ansío: que al mirar tu rostro ya no oculto, sea yo feliz viendo tu gloria. Amén".

Santo Tomás, Adoro te devote

8.4 "Señor, cuando tenga hambre, dame alguien que tenga necesidad de alimento.

Cuando tenga sed, mándame alguien que tenga necesidad de bebida.

Cuando tenga frío, mándame alguien para que lo caliente.

Cuando tenga un disgusto, ofréceme alguien para que lo consuele.

Cuando mi cruz se vuelva pesada, hazme compartir la cruz de otro.

Cuando me sienta pobre, condúceme hasta alguien que esté necesitado.

Cuando tenga tiempo, dame alguien a quien pueda ayudar unos momentos.

Cuando me sienta humillado, haz que tenga alguien a quien alabar.

Cuando esté desanimado, mándame alguien a quien dar ánimos.

Cuando sienta necesidad de la comprensión de otros, mándame alguien que necesite la mía.

Cuando necesite que se ocupen de mí, mándame alguien de quien tenga que ocuparme.

Cuando pienso sólo en mí mismo, atrae mi atención sobre otra persona.

Haznos dignos, Señor, de servir a nuestros hermanos que, en todo el mundo, viven y mueren pobres y hambrientos".

Teresa de Calcuta

9.4 "Esto es Jesús para mí:
El Verbo hecho carne.
El Pan de Vida.
La Víctima que se ofrece en la cruz por nuestros pecados.
El Sacrificio que se ofrece en la Misa por los pecados del mundo y por los míos.
La Palabra que ha de ser dicha.
La Verdad que se ha de contar.
El Camino que debemos seguir.
La Luz que se debe encender.
La Vida que se debe vivir.
El Amor que debe ser amado.
La Alegría que se debe compartir.
El Sacrificio que se debe ofrecer.
El Pan de Vida que se debe comer.
El Hambriento a quien se debe alimentar.
El Sediento cuya sed debemos saciar.
El Desnudo a quien hay que vestir.
El Desahuciado a quien se debe ofrecer alojamiento.
El Enfermo a quien se debe curar.
El Solitario a quien se debe amar.
El Inesperado a quien se debe esperar.
El Leproso cuyas llagas hay que lavar.
El Mendigo a quien debemos sonreír.
El Alcohólico a quien debemos escuchar.
El Disminuido psíquico a quien debemos ofrecer protección.

El Recién Nacido a quien debemos acoger.
El Ciego a quien debemos guiar.
El Mudo a quien debemos prestar nuestra voz.
El Inválido a quien debemos ayudar a caminar.
La Prostituta a quien debemos apartar del peligro y ofrecer nuestra ayuda.
El Preso a quien debemos visitar.
El Anciano a quien debemos servir".

Teresa de Calcuta

10.4 "LLAVECITA del sagrario:
¡Si tú supieras la envidia
que te tengo, porque puedes
cerrar y abrir cada día
la portezuela dorada
de la prisión eucarística...!
Mas, llavecita preciosa
¿por qué envidiarte tal dicha,
si hacer tal milagro puedo
con actos de fe rendida,
y abrir puedo el tabernáculo
y esconderme, a maravilla,
junto al rey...? ¿por qué envidiarte
llavecita, llavecita...?".

Sta. Teresa de Lisieux

11.4 “LÁMPARA, pequeña lámpara
que tan solitaria brillas
en el rincón apartado
de la abandonada capilla:
así, como tú, quisiera
consumirme noche y día
junto a Dios, con el misterio
de tu humilde lucecita.
Mas, ¡Ay! ¿Para qué envidiarte,
si así se gasta mi vida,
oculta en el santuario
de solitaria celdilla,
donde gano a Jesús almas
que, en amores encendidas,
le adoran?; ¿a qué envidiarte
lamparita, lamparita?”.

Sta. Teresa de Lisieux

12.4 “¡OH, CORPORALES sagrados
donde reposa la vida!
Los ángeles con sus alas,
cual pabellón, os cobijan.
Pero no me son los ángeles
jamás motivo de envidia,
sino los lienzos que envuelven
al tierno hijo de María.
En suave y blanco lienzo
cambia, Tú, Madre amantísima,

mi corazón, porque pueda
de la manera más digna
recibir al corderillo
que los pecados nos quita
y se oculta en hostia blanca
en la santa Eucaristía".

Sta. Teresa de Lisieux

13.4 "YO QUISIERA ser el cáliz
de espléndida pedrería,
donde en especies de vino,
está la sangre divina.
Mas, en el místico cáliz
de esta pobre violetita,
esa Sangre tan preciosa,
recojo yo cada día.
Y sé que Jesús, mi esposo,
mi pobre cáliz estima
más que los cálices de oro,
donde se engastan piedras finas.
Y sé que en el altar santo,
con su sangre me rocía
cual si en el Monte Calvario
diese de nuevo la vida".

Sta. Teresa de Lisieux

5
Él te dice

1.5 Parece que los hombres,
¡mis hijos los hombres!,
no me miráis bien.
Pensáis que siempre me tenéis que dar,
y... sobre todo... ¡soy yo quien os da!
Pensáis que siempre me tenéis que buscar,
y... sobre todo... ¡soy yo quien os busca!
Pensáis que siempre os tenéis que excusar,
y... sobre todo... ¡soy yo quien os justifica!
¡Si *te me* dieses como yo *me te* doy!
¡Si me buscases como yo te busco!
¡Si te pusieses de mi parte
como yo me pongo de la tuya!

2.5 Tienes alegría, tienes ilusión, tienes tiempo, tienes amores, tienes simpatía, tienes... Con todo eso me das gloria, lo sepas o no lo sepas.

Como la belleza de una flor,
y la perfección de un insecto,
y la puntualidad de la luna.
Me dan gloria,
reflejan algo de mi belleza,
de mi perfección, de mi puntualidad.
La belleza a la flor... se la di yo.
La perfección al insecto... se la di yo.
La puntualidad de la luna... la programé yo.
Me dan gloria.
Sin saberlo, pero me la dan.
También tú me la das con lo que tienes.
¡Yo te he dado todo!
Busca mi gloria... y no la tuya:
es más justo.
Dame las gracias a mí... y no a la vida:
es más justo.

3.5 "No sólo de pan vive el hombre,
sino de toda Palabra que sale de la boca de Dios".
Eso contesté a Satanás entonces,
y eso le digo ahora.
Eso le dije a él, y eso te digo a ti.
¡Vive del pan! ¡Vive de la Palabra!
¡Vive de las cosas que te digo!
Lleva a tu interior el evangelio...
y, entonces, te lo digo yo.
Lleva a tu interior tus oídos...

y, entonces, te insinúo yo.
Lleva a tu interior lo que te llega de mi iglesia... y, entonces, te lo enseño y pido yo.

4.5 Que no te distraigan tus sentimientos,
tus ánimos.
Haz lo que debes:
"El que cumple la voluntad de mi Padre,
¡ése entrará!".

5.5 Cuando os escucho a los hombres decirme "¡Señor, ten piedad!",
querría deciros al mismo tiempo:
¡tened piedad de mi Hijo hecho Pan!
¡tened piedad de la eucaristía!
¡tened piedad de los sagrarios!

6.5 ¿Piensas que,
porque soy Dios,
no necesito cariño?

7.5 Algunos piensan que no les escucho porque no me oyen.

¿Piensas, de verdad, que me quedo en silencio con los que me hablan?

¿crees que no oigo yo, el que ha hecho todos los oídos?

¿crees que no hablo yo, el que ha hecho todas las bocas?

¿crees que escucho con indiferencia alguna de las palabras que un hijo mío me dirige?

"Aunque una madre pudiese olvidarse de su hijo, yo no me olvidaré".

8.5 Yo hablo en tu conciencia, hablo directamente en tu corazón.
Además, no necesito palabras para hablar;
como vosotros, que a veces
–cuando hay amor–
os entendéis sin palabras.
Eso que se te ocurre,
aquella inclinación a hacer el bien,
el buen deseo que sientes,
el sentimiento de afecto o comprensión que vives...
en muchas ocasiones son pequeñas gracias que yo te envío
para que te acerques a mí:
son como llamadas que hago yo al timbre de "tu casa",
yo, que siempre vivo contigo.

9.5 Alégrate cuando me puedes ofrecer
un pequeño dolor,
a mí,
que sé lo que es sufrir dolores por ti.

10.5 A veces me sientes cerca,
y a veces me sientes lejos.
A veces me sientes vivo,
y a veces me sientes muerto.
A veces me sientes existente y activo,
y a veces me sientes como inexistente.
A veces me sientes con claridad,
y a veces me sientes en la oscuridad.
¡Pero yo no cambio!

11.5 En la Misa yo ofrezco cada día mi vida al Padre por ti.
Ofrécemela tú también a diario.

12.5 ¡Cómo te gusta que te agradezcan las cosas que haces por otros!
No las haces para que te las agradezcan,
pero te gusta que lo hagan.
¿Y piensas que a mí no me gusta?

13.5 Continúa ocurriendo como entonces.
¿Recuerdas aquella vez que curé a diez leprosos?
Sólo uno volvió a agradecérmelo.
"Y los otros nueve, ¿dónde están?".
No tuve respuesta.
No te sumes tú a esos nueve.
Vuelve siempre a agradecerme: a mí me gusta, y a ti te conviene.

14.5 ¿Has visto el día nuevo que cada día te doy?
¿has visto el sol, las flores, la luna y las estrellas?
Aprende a darme también tú las cosas así:
buenas, con ilusión, siempre nuevas,
bien hechas,
para que las disfrute.

15.5 No hagas esfuerzos raros para hablar conmigo.
"Rezad así:Padre nuestro".
Habla conmigo normal, como lo haces con cualquier otro:
trata de ser amable,
de decirme directamente
lo que quieres decirme;
sé sencillo,
no te compliques.

16.5 ¡Cómo me gusta ver tu corazón ocupado!
Quieres sacar eso adelante,
estás empeñado en animar el "cotarro"
para que los demás disfruten,
vas de un lado a otro,
tienes ilusión en aquel plan,
te ocupa ese amigo

y te preocupa aquel otro,... y tu familia... y...
Pero,
¿cuándo me llegará el turno a mí?

17.5 ¡Cómo me gusta ver tu tiempo ocupado!
Siempre estás haciendo algo,
por supuesto...
Pero,
¿no crees que muchos días
¡soy el último de la cola!?

18.5 "Yo soy el pan de vida. Vuestros padres comieron el maná en el desierto y murieron. Éste es el pan que descendió del cielo, a fin de que quien lo coma no muera.

Yo soy el pan vivo que ha descendido del cielo.

Quien coma de este pan vivirá eternamente, y el pan que yo daré es mi misma carne para la vida del mundo.

Os aseguro que si no coméis la carne del Hijo del hombre, y no bebéis su sangre, no tendréis vida en vosotros".

Juan 6, 48-52

19.5 "Tuve hambre y me disteis de comer...
Era extranjero y me visitasteis.

Estaba desnudo y me vestisteis.
Estaba enfermo y me curasteis".

Mateo 25,35-36

20.5 "Venid a Mí".

Mateo 11,28

21.5 "El humilde, desconfiando de sus fuerzas, es ayudado de la gracia, y la caridad se derrama en su corazón por medio del Espíritu Santo.

El humilde cree, tiene hambre y come; el que místicamente renace, místicamente se robustece.

En su interior es como niño y en su interior se renueva; donde se renueva, allí recibe el alimento".

S. Agustín, In Io 25,1

22.5 "Acercate a comer, tú que comes, y a beber, tú que bebes. Ten hambre, ten sed; come la vida, bebe la vida.

Es un manjar que restaura. Restáurate, pues, de modo que jamás pierda su eficacia aquello con que te reparas.

Y beber aquella bebida, ¿qué otra cosa es más que vivir?

Come la vida, bebe la vida. Así tendrás la vida, y la vida íntegra".

S. Agustín, Serm 131,1

23.5 "¡Ah! ¡cuántos participan del altar y mueren; más aún: mueren por el acto mismo de participar! No era veneno el bocado que el Señor ofreció a Judas, y, sin embargo, lo recibió, y en cuanto lo recibió, entró en él el enemigo; no ya por haber recibido una cosa mala, sino porque, siendo un malvado, recibió mal una cosa buena.

Procura, pues, recibir espiritualmente ese pan celestial, llevando al altar un corazón inocente.

Los pecados, aunque son cotidianos, procura que no sean mortales.

Antes de acercarte al altar, medita las palabras que dices: Perdónanos nuestras ofensas, como también nosotros perdonamos a los que nos ofenden.

¿Perdonas tú? Pues te perdonarán a ti; acércate confiado; es pan, no veneno.

Pero mira a ver si perdonas verdaderamente, porque si no lo haces así, mientes, y mientes a aquél a quien no es posible engañar.

A Dios podrás decirle una mentira; pero engañarle, nunca.

Él sabe lo que haces; ve tu interior, te mira, te examina y juzga según tus disposiciones interiores, y en conformidad con éstas te premia o te castiga".

S. Agustín, In Io 26, 11

24.5 "Acércate a Cristo con alegría. Con tal que te presentes con humildad, no serás rechazado.

Él bajó del cielo a la tierra no para hacer la voluntad propia, sino la de Aquél que lo envió.

Descendió humilde, vino a enseñar la humildad, apareció como maestro de humildad. Si te acercas a Él, te incorporas a Él; acercándote, serás humilde; si te unes con Él, serás humilde, porque no haces tu voluntad, sino la de Dios. Por eso no serás arrojado fuera, como fuiste arrojado fuera cuando estabas dominado por la soberbia".

S. Agustín, In Io 25, 15-16

25.5 "Llámame; 'no creas que estás del todo sano.

El enfermo que recibe gustoso la visita del médico tiene esperanza de recobrar la salud, así como puede desesperarse del que lo maltrata. (...)

¡Cuánta será la bondad y el poder de aquel médico, que convirtió su propia sangre en medicina para aquellos mismo que, enfurecidos, le quitaron la vida!' Recuerda mis palabras: ¡Padre, perdónales, porque no saben lo que hacen! 'Cierto que son insensatos, pero yo soy su médico; que descarguen sobre mí su furor, lo sufriré con paciencia, y cuando lleguen a quitarme la vida, entonces los curaré. Sé también tú del número de los curados'".

S. Agustín, Serm 174,6

26.5 "La iglesia es la misma hoy que ayer y que mañana.

También los Apóstoles tuvieron miedo y desconfiaron, se sintieron abatidos y tuvieron sus fallos.

A pesar de todo ello, Cristo no les reprendió.

Se limitó a decirles: '¿Por qué teméis y por qué dejáis que la duda se adueñe de vuestros corazones?' (Lc.24,38).

Tan amables palabras de Jesús resultan muy apropiadas para nuestros actuales temores".

Teresa de Calcuta

27.5 "Si te domina la soberbia, estás muy lejos de este pan del cielo y no puedes sentir hambre de él.

El soberbio tiene estragado el paladar del corazón. Aunque tiene los oídos abiertos, es sordo, y aunque tiene vista, permanece ciego.

No entiende nada de este pan bajado del cielo, porque, harto de su justicia, no puede tener hambre de la justicia de Dios".

S. Agustín

6
Oraciones de un día cualquiera

Es lógico y bueno que, con frecuencia, el tema de conversación con Dios sea mi vida, mi día. Pueden servirte estas oraciones como pauta. Los puntos suspensivos te invitan a que sigas con lo "tuyo".

DE UN DÍA

1.6 Señor mío y Dios mío. Creo firmemente que estás aquí... que me ves, que me oyes... Jesús, sé que me ves aquí, sentado en el banco, aunque yo no te vea a ti... veo un velo, y un sagrario... pero Tú si me ves... y me oyes... Sin ruido de palabras, sabes lo que llevo en el corazón, lo que quiero decirte... y estás pendiente de mí como si sólo yo estuviese hablando contigo...

Esta relación contigo, Señor, es tan personal como la que tenías con los discípulos, a solas, por las orillas de Tiberíades... Puedo descargar en ti mis preocupaciones... y quejarme de lo que no va... y consolarte... y preguntarte lo que no entiendo... y pedirte que me ayudes... y contarte algo divertido... Y, sobre todo, Señor, puedo pedirte perdón por lo que no va, por aquello que me haces ver –a veces sólo con una mirada– que no te ha gustado...

Y darte gracias porque me has dado tanto, tanto... Y porque estás ahí, desde antes de que yo naciese, encerrado, esperándome... gracias, Dios mío, porque me acompañas siempre que yo quiero... y por tantas cosas más...

Jesús, te amo... me gustaría amarte...

Te estaba diciendo –¡sintiendo!– que me ves, que me oyes, pero también me hablas Jesús... como a los Apóstoles me animas... me regañas con cariño... me sonríes... me pides más, más... que sepa salir de mí mismo y pensar en los demás... en sus necesidades materiales... y, sobre todo, en lo que puedo ayudarles para que también te conozcan, y sepan qué sentido tiene su vida, y sean felices...

Jesús... me has vuelto a encender por dentro, a contagiar tu optimismo y tu amor por todos... y la urgencia por cambiar el mundo... empezando por mí... Pero yo solo no puedo... ya lo he intentado otras veces, mi Amor, y ya ves... Pero quieres que luche... y contigo sé que puedo, y que voy mejorando, poco a poco...

2.6 Dios mío, sabes que llevo tiempo sin hacer bien la oración, viéndote y hablándote menos en el sagrario. Ayúdame a volver a intentarlo... ¡auméntame la fe!, fe en tu presencia ahí... ¿cómo he podido, Señor, tratarte tan mal estos días...?

Acudo a ti, Madre mía, como un niño pequeño... como ese niño del cuadro... También a ti te he dejado de lado tantos días... y eso que me lo he propuesto otras veces.

San José, mi Padre y Señor... te he dicho al principio supersanjosé... ¿cómo hacías para secundar la gracia..? Llévame a tratar bien, siempre, en todas las oraciones, a María y a Jesús... y con Jesús, Hijo de Dios, al Padre y al Espíritu Santo... Espíritu Santo, ¡abre otra vez tu escuela...!

(...) Perdonad, María y José, vosotros estáis aquí de otra manera... pero Jesús está ahí, encerrado, Dios encerrado... la Trinidad encerrada, cuando todo –también vosotros–, es suyo... y por Amor... ¿es verdad que por Amor?, ¿cabe un amor tan grande...?

3.6 Interceded por mí, porque sino no sé que va a salir... Señor, hoy, para empezar, quiero mirarte más en el sagrario, porque estás ahí ¡desde hace tanto tiempo...! Y sin que te hiciera falta... ¿por qué nos quieres tanto, Señor...? Yo pienso en el cariño de las madres, de mi madre, y de la Virgen, y entiendo que nos quieras tanto, pues eres perfecto y eres Amor... Estoy nervioso..., y por eso te pido desde ya por él a mí no me importa fracasar –no me debería importar–.

Señor, no noto mucho luego, en el día, estos ratos contigo... pero intento ser sincero y no hacer teatro... tienes que ayudarme también a luchar luego y a sacarles partido... Jesús, que sea sacrificado...

4.6 (...) Señor, perdóname, porque te he tratado mal en la comunión... ¡cómo soy tan bruto...! estaba cansado, pero no es disculpa... te voy a poner más cariño ahora, que físicamente sigues ahí...

No he estado tampoco hoy muy en presencia tuya... pero me voy a concretar algunas ayudas... para empezar rezando bien el Angelus,... y rezando bien...

Te miro, Dios mío, con cariño; por lo menos eso... y te pido ayuda...

Ahora,... que sepa adorarte, te voy a mirar con cariño, porque eres Dios, todopoderoso, inmenso, infinito, y te quedas ahí, en un trozo de pan... ¿cómo es, Señor, que me acostumbro?, que nos acostumbramos... Madre mía, ayúdame... gracias por todo también, pero ayúdame...

5.6 A ti, Jesús, lo primero que te digo, una vez más, es que me perdones... me duele fallarte, pero cada vez me importa menos pedirte perdón, porque voy conociendo la pasta de la que estoy hecho...

Jesús, mi amor, ¿no estás cansado de estar ahí, encerrado...? Será por el amor, que lo aguanta todo... ¡dame de ese amor!, que crece con el sacrificio.

(...) Pongo en tus manos todo lo del día: lo que me ha preocupado... y eso que me debería haber preocupado... ¡Señor, que va muy lento...!: métete tú en la gente, que eres el único que cambias... ¿o es que vas a fracasar..?

(...) Señor, ¿cómo me olvido de que te tengo aquí, dentro..? ¿por qué las cosas del trabajo y del día no me llevan a ti..? Si es mi vocación...

Señor, recuerdo que todo es posible para el que confía en ti... pedir imposibles, ¿y te pido imposibles?

(...) Me voy a reformar en eso.

(...) Madre... Señor, ¡dame fuerza para luchar, para vencer, para amar..! para pensar en los demás... estoy demasiado pendiente de mí: quiero olvidarme de mí..., ser feliz con las preocupaciones de los demás ¡Madre!, qué poco pienso en los demás... gracias por hacérmelo ver y enséñame a cambiar...

6.6 Madre mía, céntrame, porque estoy super distraído... Te pido por la vela... que ponga vibración, que se trata de adorar a Jesucristo..., a ti, Dios mío, presente en el sagrario... Te pido perdón una vez más, Dios mío, porque podía haberte tratado mejor en la comunión... ¡no me he empapado de lo que ocurre... del milagro diario de la misa y la comunión...!

Perdona también, Señor, porque he estado poco en presencia de Dios, tuya... y poco esforzado en algunos momentos del trabajo... perdona también, Señor, la mortificación que ayer retrasé por la noche...

7.6 Hasta ahora te he dado pocas gracias, Señor... no soy digno, te dijo el centurión, pero con una palabra tuya... me gustaría tener esa fe, Jesús... ¿por qué no mejoro más...? ¿por qué no te quiero de una vez por todas...? Ya veo, Señor, que quieres que esté cerca de ti, cerca de la Virgen, como un niño pequeño que no puede separarse de sus padres ¡pero así es feliz...! Gracias, Jesús, un día más...

(...) Señor, ¿cómo no me explota el pecho si me he tragado una bomba de diez megatones...? Voy a intentar estar pendiente de ti, Jesús...

8.6 Jesús, ¿por qué me cuesta hoy tanto hablar contigo...? Te he pedido ayuda, y se la pido también a mi Madre.... pero me cuesta. Creo que me costará menos, Señor, si actualizo la fe y pienso que estás ahí... a unos metros... Jesús de Nazareth, el Hijo de María... que pensabas –¡piensas!– como nosotros... que reías, comías, sufrías y nadabas con los discípulos... y además de perfecto Hombre, eres perfecto Dios, Segunda Persona de la Santísima Trinidad, y contigo están ahí –¡ahí!– el Padre y el Espíritu Santo, Único Dios... ¡qué grande eres, Señor...! quiero estar aquí, este rato, aunque no sepa hacer nada más, sólo mirarte...

Madre mía, que no sea paspán; enséñame a hablar con tu Hijo... como tú le tratabas en Nazareth... con qué confianza, con qué cariño... y con qué respeto... Señor, ¿qué te voy a dar hoy..? Voy a repasar contigo el día... esa empanada por la mañana... el trabajo, no te he tenido muy en cuenta... el apostolado lo he visto, pero... gracias, Dios mío, porque he cerrado ese trabajo... y luego ¿qué...? Te ofrezco esta tarde, a ver si te hago alguna visita... y te pido por las gestiones que tengo... ¿y qué más...? Jesús, creo que estás ahí... gracias por estar ahí... ¿te quiero, Jesús...? ¿como es que todavía no te quiero más..? Me gustaría quererte locamente... Señor, ¿qué hace la gente, qué pasa? Pero tú tienes más, tú puedes mucho más... Dios mío, se me va el tiempo... ¿y hoy qué..? Ya lo he visto: te voy a visitar luego... Madre mía,... ¿por qué no acudo más a ti...? Si lo vi, que tengo que pedirte más ayuda, como un niño...

San José, hoy nada, hoy me despido... ángel de mi guarda, tú sigue ahí...

9.6 Jesús, ¿a qué vengo yo aquí a estas horas...? Porque estás tú, mi Amor y mi todo... con tu Cuerpo, con tu Sangre, con tu Alma y tu Divinidad... ahí, detrás de ese velo... Me gustaría recibirte con aquella pureza, humildad y devoción con que os recibió vuestra Santísima Madre, con el espíritu y fervor de los santos... por eso te lo venía repitiendo...

Dios mío, me gustaría estar todo el día junto a ti, viviendo contigo... el mismo... el mismo Jesús que vivías con María y José en Nazareth, en aquella casa en la que sería imposible no estar juntos... y tú, Señor, serías... super atractivo... ¡perfecto Hombre!; sonriente, servicial, maduro, trabajador, cariñoso, fuerte... y guapo, super guapo... serías la atracción del pueblo... y con María y José... ¡menudo trío...!

Y estás aquí, Jesús, el mismo... ¡veinte siglos después..., esperándome... quiero vivir, rezar, reir, jugar también contigo... Pero vuelvo, Señor, a lo del trío: ¡qué trío..!, alucinarían... Pero no érais –¡sois!– un trío: ¡dos tríos...! y tú, en el medio, uniéndoles... el Padre, el Hijo y el Espíritu Santo, tres Personas que sois un único Dios... Señor, ¡auméntame la fe...! Si a veces me olvido de ti, es que no tengo fe....

¿cómo me puedo olvidar de mi Dios..., que eres dueño hasta de aquello con lo que te olvido..? Madre mía... otro día que necesito tu ayuda... acordaros, oh piadosísima Virgen María... Se me acaba el tiempo y todavía no te he dicho nada...

Orar con canciones

Oh buen Jesús

1. Oh buen Jesús, yo creo firmemente
   que por mi bien estás en el altar,
   que das tu Cuerpo y Sangre juntamente,
   al alma fiel en celestial manjar. (2)
2. Indigno soy, confieso avergonzado,
   de recibir la santa comunión;
   Jesús, que ves mi nada y mi pecado,
   prepara tú mi pobre corazón. (2)
3. Pequé, Señor; ingrato te he vendido;
   infiel te fui, confieso mi maldad.
   Contrito ya, perdón, Señor, te pido;
   eres mi Dios, apelo a tu bondad. (2)
4. Espero en ti, piadoso Jesús mío;
   oigo tu voz, que dice: "Ven a mí".
   Porque eres fiel, por eso en ti confío;
   todo, Señor, lo espero yo de ti. (2)
5. ¡Oh buen Jesús, Pastor fino y amante!
   Mi corazón se abrasa en santo ardor;
   si te olvidé, hoy juro que, constante,
   he de vivir tan sólo de tu amor. (2)

6. Dulce maná de celestial comida,
gozo y salud del que te come bien,
ven sin tardar, mi Dios, mi Luz, mi Vida;
desciende a mí, hasta mi pecho ven. (2)

Jesús amoroso

1. Jesús amoroso, el más fino amante,
quiero en todo instante sólo en ti pensar.
Tú eres mi tesoro, tú eres mi alegría,
Tú eres vida mía, yo te quiero amar. (2)
2. Oh Corazón dulce, de amor abrasado,
quiero yo a tu lado por siempre vivir.
Y en tu llaga santa viviendo escondido,
de amores herido, en ellas vivir. (2)

7
Textos de Santa Teresa

Estos párrafos recogen lo que siente una persona enamorada. Lee y comenta con Él, dándole vueltas.

1.7 “Si os da pena no verle a Jesucristo con los ojos corporales, pensad que no os conviene. Además, si viéramos tan gran majestad, ¿cómo se atrevería una pecadorcilla como yo, que tanto le he ofendido, a estar tan cerca de Él? **Debajo de aquel pan está tratable**; porque si el rey (*se refiere al rey que reinaba entonces en España*) se disfrazara, no nos intimidaría conversar con él sin tantos miramientos y respeto; parece que Dios viene obligado a soportar nuestra llaneza, pues se ha disfrazado. ¡Quién se atrevería, si le viéramos a Dios con tan gran majestad, a acercarse a Él con tanta tibieza, tan indignamente, con tantas imperfecciones! **Perma-neced con Él de buena gana**” (C 34,9).

(*) Para facilitar la comprensión hemos añadido comentarios y modificado expresiones y formas verbales. Lo indicamos empleando la cursiva.

2.7 "Cuando acabéis de recibir al Señor, como tenéis a la misma persona delante, procurad **cerrar los ojos** del cuerpo y abrir los del alma y mirad al corazón; que yo os digo..., que, si os acostumbráis a hacer esto siempre que comulguéis..., aunque viene disfrazado, no lo vendrá tanto que no se os dé a conocer de muchas maneras, según el deseo que tengáis de verle; y tanto lo podéis desear que se os dé del todo" (C 34, 12).

"Mas si no hacemos caso de Él, sino que en cuanto le hemos recibido nos apartamos de Él, a buscar otras cosas más ordinarias, ¿qué ha de hacer? ¿Nos ha de traer a la fuerza a que le veamos porque se nos quiere dar a conocer?" (C 34, 13)

3.7 "Acordaros de que hay pocas almas que le acompañen y le sigan en los trabajos; pasemos algo por Él, (*pasemos algún sufrimiento, dolor, carencia, contrariedades, sacrificio,... por estar delante del Sagrario*) que su majestad os lo pagará. Y acordaros también de tantas personas que, no sólo no quieren estar con Él, sino que le faltan al respeto echándoselo de encima. **Suframos algo por Él para que vea** que tenemos deseo de verle" (C 35,2).

4.7 "Y ya que **todo lo sufre y sufrirá por encontrar al menos un alma** que lo reciba y lo tenga en sí con amor, que sea ésta la vuestra".

"¡Oh, Señor mío y bien mío! ¡Que no puedo decir esto sin lágrimas y gran gusto y consuelo de mi alma! ¡Que quieras Tú, Señor, estar así con nosotros!, y estás en el Sacramento. Y si no es por nuestra culpa, **podemos gozar** contigo, y que **Tú te gozas con nosotros**, pues dices que tu deleite es estar con los hijos de los hombres" (Prov 8,31) (V 14,11; CN 4).

5.7 (*Sta. Teresa tuvo muchas visiones y éxtasis. Refiriéndose a esto, dice:*) "Cuando iba a comulgar y me acordaba de aquella majestad grandísima que había visto, y veía que era el mismo que estaba en el Santísimo Sacramento (y muchas veces lo veo en la hostia), se me erizaban los cabellos y toda parecía que me aniquilaba.

¡Oh, Señor mío! Si no encubrieras tu grandeza ¿quién se atrevería a ir tantas veces a unir cosa tan sucia y miserable como soy yo con tan gran majestad?" (V 38,19).

6.7 (*En el momento de la Consagración Dios le habló a Teresa. Y dice:*)

"Me produjo gran turbación, que no sé cómo pude comulgar. Me dijo el Señor que rogara por él (*se refiere al sacerdote que celebraba la Misa, un sacerdote que se había descuidado y no llevaba una vida muy santa*) y que lo había permitido para que entendiera yo **el poder que tienen las palabras de la consagración**, y cómo Dios no deja de estar allí, por débil que sea el sacerdote que las dice" (V 38,2).

7.7 "Algunas veces me vienen unas ganas de comulgar tan grandes..., que, aunque me pusieran lanzas en los pechos, pasaría por ellas" (V 39,22).

8.7 (*Durante los años en los que ella vive, hay muchos cristianos que se separan de la fe, pues niegan que Jesucristo esté en la Sagrada Hostia. A Santa Teresa le duele, y se desahoga con Dios así: Jesús se queda porque nos ama un montón, y los hombres nos comportamos con desprecio.*) "Creador mío, ¿cómo pueden sufrir unas entrañas tan amorosas como las tuyas, que lo que tu Hijo hizo con tan ardiente amor por cumplir tu voluntad, pues que Tú le mandaste que nos amase, sea despreciado por estos herejes que profanan el Santísimo Sacramento y le quitan sus posadas destruyendo iglesias? ¡Si le hubiese faltado algo por hacer para teneros contento! Pero, sin embargo, todo lo hizo perfectamente".

9.7 "Pedid vosotras, hijas, con este Señor al Padre **que os deje 'hoy' a vuestro Esposo**, para que no os veáis en este mundo sin Él;

que baste para templar tan gran contento de tenerlo entre nosotros, haberse quedado tan disfrazado en los accidentes de pan y de vino, que **es gran tormento para quien no tiene otra cosa que amar ni otro consuelo**; pero suplicadle..., que os prepare para recibirle dignamente" (C 34,3).

10.7 A esta persona le había dado el Señor tan viva fe, que cuando oía decir a algunos que quisieran haber vivido cuando Cristo nuestro bien estaba en el mundo, se reía por dentro, pareciéndole que, teniéndolo tan verdaderamente en el Santísimo Sacramento como entonces, que ¿qué más les daba?

11.7 "En la eucaristía se realiza ahora la pasión verdaderamente, y **no hay necesidad de ir a buscar al Señor en otro lugar más lejano**; por eso, ya que sabemos que mientras permanecen los accidentes del pan está con nosotros el buen Jesús, acerquémonos a Él... **Si tenemos fe nos dará lo que le pidamos, pues está en nuestra casa**. Pues no suele su majestad pagar mal la posada si le hacen buen hospedaje" (C 34,8).

12.7 "Éste pues, es buen tiempo para que os enseñe este **maestro**, y para que le **escuchemos** y le **besemos los pies** porque nos ha querido enseñar, y para que le supliquéis **que no se vaya** de vuestra compañía" (C 34,10).

13.7 No, que no le trataron tan bien cuando dejó que le vieran todos manifiestamente y les decía claro quién era, y fueron muy pocos los que le creyeron. Por eso harta misericordia nos hace cuando quiere su majestad que entendamos que es Él el que está en el Santísimo Sacramento. Pero **sólo quiere que le vean manifiestamente** y sólo quiere comunicar sus grandezas y dar sus tesoros **a los que ve que le desean mucho**, porque estos son sus verdaderos amigos. Que yo os digo que quien no lo sea, **y no lo llegue a recibir como amigo..., a ése no se le manifestará** (C 34,13).

14.7 (*Para el que después de comulgar tiene como prisas para irse, escribe:*) "Éste tal, ocupado en otros negocios y ocupaciones y preocupaciones del mundo, parece que lo más rápidamente que puede se da prisa para que, su Señor no le ocupe la casa que es su alma" (C 34,13).

15.7 "Cuando oigáis misa y no comulguéis sacramentalmente, podéis comulgar espiritualmente, que es de grandísimo provecho, y recogeros también después interiormente, porque con esto se imprime mucho el amor de este Señor; porque a quien se prepara para recibir, jamás deja de dar de muchas maneras que no entendemos.

Si nos acercamos al fuego, por muy grande que sea, pero nos desviamos y escondemos las manos, mal nos podemos calentar, aunque recibamos más calor que si estamos donde no hay fuego; en cambio, si nos queremos acercar a Él y el alma está dispuesta, es decir, **con deseos de calentarse, y está allí un rato, queda con calor** para muchas horas" (C 35,1).

16.7 (*Muchas veces, cuando comulgamos, podemos tener el corazón como encogido, seco, frío; y no sabemos qué decirle, ni sentimos nada, podemos acostrumbrarnos, despistarnos e incluso aburrirnos. Santa Teresa nos aconseja para estas temporadas:*) "Si cuando comenzáis a practicar la comunión espiritual y el recogimiento posterior, no os encontráis a gusto –que puede suceder porque el demonio os encoja el corazón y os cause congoja–, el mismo demonio os hará creer que encontraréis más devoción en otras cosas que en la eucaristía. Pero vosotras **no la dejéis; en esto comprobará el Señor lo que le queréis**" (C 34,2).

17.7 Es Dios tan amigo de amigos y tan señor de sus siervos que, como ve la voluntad de su buen Hijo, no le quiere impedir obra tan excelente como es quedarse realmente presente en el Santísimo Sacramento, excelente obra en la que tan cumplidamente demuestra el amor que nos tiene (C 35,2).

18. "Seamos nosotras, hijas, aunque es atrevimiento siendo las que somos; pero, confiadas en que nos manda el Señor que pidamos, supliquemos a su majestad que, ya que no le ha quedado nada por hacer concediendo a los pecadores tan gran beneficio como es éste, que quiera su majestad poner remedio para que no sea tan maltratado" (C 35,3).

19. "Tened pues cuidado con cierta humildad que inspira el demonio, que causa gran inquietud por la gravedad de nuestros pecados, con lo que consigue que las almas se aparten de la comunión y que no hagan oración personal porque *piensan que* no lo merecen, y cuando reciben el santísimo sacramento se les pasa el tiempo en que *podrían* recibir mercedes, pensando en si se han preparado bien" (C 39,1).

20. "Pienso que si nos acercáramos al Santísimo Sacramento con gran fe y amor, que **una vez bastaría para hacernos ricas**, ¡cuánto más tantas!, **pero parece que nos acer-**

camos a Él por cumplido y así nos luce tan poco" (Mdt C 3,9).

21.7 *(Al darse cuenta de que se ha quedado Jesús en la Eucaristía por ella, llena de agradecimiento y algo avergonzada por que Dios le ame así, exclama:)* "Por mí te has quedado en el Santísimo Sacramento, y ahora me hacéis tan grandísimos regalos" (Mdt C 4,6).

22.7 "Un día, acabando de comulgar, me pareció verdaderamente que mi alma se hacía una misma cosa con aquel cuerpo sacratísimo del Señor, cuya presencia se me representó, y me hizo gran operación y provecho" (Cc 39ª).

23.7 *(Dios Padre habita en el alma en gracia. Cuando comulgamos, el Padre recibe al Hijo con su humanidad, con su cuerpo y sangre: esto es muy agradable a Dios. Así lo dice la Santa:)* "Una vez acabando de comulgar, se me dio a entender cómo este sacratísimo Cuerpo de Cristo lo recibe el Padre dentro del alma, como yo entiendo y he visto que están estas divinas personas, y cuán agradable le es esta ofrenda de su Hijo; porque se deleita y goza con Él acá en la tierra *(porque su humanidad no está con nosotros habitualmente en el alma, sino la divinidad)*" (Cc 43ª).

24.7 "Cuando me pienso aliviar
viéndote en el Sacramento,
me hace más sentimiento
el no poderte gozar.
Todo es para más penar
por no verte como quiero,
que muero porque no muero" (P 2).

25.7 "Hay grandes secretos en lo interior cuando uno comulga. Es lástima que estos cuerpos no nos los dejen gozar" (Cc 43ª).

26.7 "¡Ay! Cuando te dignas a
entrar en mi pecho,
Dios mío, al instante
el perderte temo..." (P 7).

8
Textos de Santa Teresita de Lisieux

1.8 ¿Quién logrará nunca entender este misterio de amor? Todo un Dios baja del cielo, donde es adorado y alabado, para salvar a una criatura ingrata y culpable. ¿Cómo podremos alabar y agradecer lo suficiente a este Niñito que viene a nosotros y que, a cambio de todo lo que hace por nosotros, no nos pide más que nos entreguemos a él sin reservas? ¿Quién, Jesús, se atreverá a negarte este corazón que tan merecidamente has conquistado y al que has amado hasta hacerte semejante a él y dejarte luego crucificar por unos verdugos despiadados?

Además, eso no te pareció todavía suficiente: tuviste que quedarte para siempre cerca de tu criatura y estar prisionero de amor en la santa y adorable Eucaristía.

2.8 "Una tarde, te oí decir que a partir de la Primera Comunión había que empezar una nueva vida. En ese mismo momento decidí no esperar a ese día, sino comenzarla al mismo tiempo que Celina (*una de sus hermanas, que iba a hacer por entonces su Primera Comunión*)".

Ms A Fol 25 v°

3.8 "¡El día de mi primera Comunión, qué dulce fue el primer beso de Jesús a mi alma...! Fue un beso de amor. Me sentía amada, y decía a mi vez: 'Te amo y me entrego a Ti para siempre'. No hubo preguntas, ni luchas, ni sacrificios". Desde hacía mucho tiempo, Jesús y la pobre Teresita se habían mirado y se habían comprendido... Aquel día no fue ya una mirada, sino una fusión. Ya no eran dos: Teresa había desaparecido como la gota de agua que se pierde en medio del océano. Sólo quedaba Jesús, él era el dueño, el rey. ¿No le había pedido Teresa que le quitara su libertad, pues su libertad le daba miedo? ¡Se sentía tan débil, tan frágil, que quería unirse para siempre a la Fuerza Divina!

Ms A Fol 35 r°

4.8 "El día siguiente a mi primera Comunión fue también un día hermoso, pero estuvo teñido de melancolía. Ni el precioso vestido que María me había comprado, ni todos los regalos que había recibido me llenaban el corazón. Sólo Jesús podía saciarme. Ansiaba el momento de poder recibirle por segunda vez".

Ms A Fol 36 r°

5.8 "El no baja del cielo un día y otro día para quedarse en un copón dorado, sino para encontrar otro cielo que le es infinitamente más querido que el primero: el cielo de nuestra alma, creada a su imagen y templo vivo de la adorable Trinidad...".

Ms A Fol 43 r°

6.8 "No puedo decir que haya recibido frecuentes consuelos durante las acciones de gracias; tal vez sean los momentos en que menos los he tenido... Y me parece muy natural, pues me he ofrecido a Jesús, no como quien desea recibir su visita para el propio consuelo, sino, al contrario, para complacer al que se entrega a mí.

Me imagino a mi alma como un terreno libre, y pido a la Santísima Virgen que quite los escombros que pudieran impedirle esa libertad. Luego le suplico que monte Ella una gran tienda digna del cielo y que la adorne con sus propias galas. Después invito a todos los ángeles y santos a que vengan a dar un magnífico concierto. Y cuando Jesús baja a mi corazón, me parece que está contento de verse tan bien recibido, y yo estoy contenta también.

Pero todo esto no impide que las distracciones y el sueño vengan a visitarme. Pero al terminar la acción de gracias y ver que la he hecho tan mal, tomo la resolución de vivir todo el día en una continua acción de gracias...

Ya ves, Madre querida, que Dios está muy lejos de llevarme por el camino del temor. Sé encontrar siempre la forma de ser feliz y de aprovecharme de mis miserias... Y estoy segura de que eso no le disgusta a Jesús, pues él mismo parece animarme a seguir por ese camino...".

Ms A Fol 80 v°

7.8 "Siento en mí la vocación de sacerdote ¿con qué amor, Jesús, te llevaría en mis manos cuando, al conjuro de mi voz, bajaras del cielo...! ¿Con qué amor te entregaría a las almas...!"

Ms B Fol 3 r°

8.8 "Quiero que el Niño Jesús se encuentre tan a gusto en mi corazón, que no piense ya en volverse al cielo...".

Carta 11

9.8 "¿Y qué será de ese pobre corazón...? Cuando el diablo consigue alejar a un alma de la sagrada comunión, lo ha ganado todo... ¡Y Jesús llora...!

Piensa, pues, que Jesús está allí en el sagrario expresamente para ti, para ti sola, y que arde en deseos de entrar en tu corazón...".

Carta 92 Fol I v°

10.8 "Hagamos de nuestro corazón un pequeño sagrario donde Jesús pueda refugiarse. Así, él se verá consolado y olvidará lo que nosotros no podemos olvidar: la ingratitud de las almas que lo abandonan en un sagrario desierto...".

Carta 108 Fol I v°

11.8 "El mismo Jesús es quien busca nuestro amor, quien lo mendiga… Se pone, por así decirlo, a nuestra merced. No quiere tomar nada sin que se lo demos, y hasta la cosa más insignificante es preciosa a sus ojos divinos...".

Carta 145 Fol I v°

12.8 "¡Oh Dios escondido en la prisión del Sagrario!, todas las noches vengo feliz a tu lado para darte gracias por todos los beneficios que me has concedido y para pedirte perdón por las faltas que he cometido en esta jornada...

¡Qué feliz sería, Jesús, si hubiese sido enteramente fiel! Pero, ¡ay!, muchas veces por la noche estoy triste, porque veo que hubiera podido responder mejor a tus gracias... Si hubiese estado más unida a ti, si hubiera sido más caritativa con mis hermanas, más humilde y más mortificada, me costaría menos hablar contigo en la oración.

Sin embargo, Dios mío, lejos de desalentarme a la vista de mis miserias, vengo a ti confiada, acordándome de que 'no tienen necesidad de médico los sanos sino los enfermos'. Te pido, pues, que me cures, que me perdones, y yo, Señor, recordaré que 'el alma a la que más has perdonado debe amarte también más que las otras...' Te ofrezco todos los latidos de mi corazón como otros tantos actos de amor y de reparación, y los uno a tus méritos infinitos. Y te pido, divino esposo mío, que seas tú mismo el reparador de mi alma y que actúes en mí sin hacer caso de mis resistencias. En una palabra, ya no quiero tener más voluntad que la tuya. Y mañana, con la ayuda de tu gracia, volveré a comenzar una vida nueva, cada uno de cuyos instantes será un acto de amor y de renuncia (*Oración compuesta por Teresa de Lisieux ante el sagrario*)".

Oración 7

13.8 "Quiero abajarme con humildad y someter mi voluntad a la de mis hermanas, sin contradecirlas en nada y sin andar averiguando si tienen derecho o no a mandarme. Nadie, Amor mío, tenía ese derecho sobre ti, y sin embargo obedeciste, no sólo a la Virgen Santísima y a san José, sino hasta a tus mismos verdugos. Y ahora te veo colmar en la hostia la medida de tus anonadamientos. ¡Qué humildad la tuya, rey de la gloria, al someterte a todos tus sacerdotes, sin hacer distinción alguna entre los que te aman y los que, por desgracia, son tibios o fríos en tu servicio...! A su llamada, tú bajas del cielo; pueden adelantar o retrasar la hora del santo sacrificio, que tú estás siempre pronto a su voz...".

Oración 20

14.8 "¡Qué manso y humilde de corazón me pareces, Amor mío, bajo el velo de la blanca hostia! Ya no puedes abajarte más para enseñarme la humildad. Por eso, para responder a tu amor, yo también quiero desear que mis hermanas me pongan siempre en el último lugar y convencerme de que ese es precisamente mi sitio. Te ruego, divino Jesús, que me envíes una humillación cada vez que yo intente colocarme por encima de las demás. Yo sé bien, Dios mío, que al alma orgullosa tú la humillas y que a la que se humilla le concedes una eternidad gloriosa; por eso, quiero ponerme en el último lugar y compartir tus humillaciones, para 'tener parte contigo' en el reino de los cielos".

Oración 20

15.8 "Pero tú, Señor, conoces mi debilidad. Cada mañana hago el propósito de practicar la humildad, y por la noche reconozco que he vuelto a cometer muchas faltas de orgullo. Al ver esto, me tienta el desaliento, pero sé que el desaliento es también una forma de orgullo. Por eso, quiero, Dios mío, fundar mi esperanza sólo en ti. Ya que tú lo puedes todo, haz nacer en mi alma la virtud que deseo. Para alcanzar esta gracia de tu infinita misericordia, te repetiré muchas veces: '¡Jesús, manso y humilde de corazón, haz mi corazón semejante al tuyo!'"

Oración 20

16.8 "¡Cómo me molestó que vinieran después de la comunión! Me miraban como a un bicho raro… Pero para no irritarme, yo pensaba en Nuestro Señor, que se retiraba a la soledad sin poder evitar que lo siguiera allí la gente, y él no la despedía. Yo he querido imitarle recibiendo bien a las hermanas".

Últimas conversaciones 30 VII

17.8 "Veía a Jesús a punto de entregarse a mí, y aquella confesión al rezar el 'Confiteor' me parecía una humillación absolutamente necesaria: 'Yo confieso ante Dios todopoderoso, ante la bienaventurada Virgen María y ante todos los santos, que he pecado mucho...' Sí, me decía en mi interior, hacen bien en pedir perdón en este momento a Dios y a todos los santos... Al igual que el publicano, yo me sentía una grande pecadora. ¡Y Dios me parecía tan misericordioso! Era muy conmovedor dirigirse a toda la corte celestial para obtener por su intercesión el perdón de Dios. Poco me faltó para llorar, y cuando la Sagrada Hostia se posó sobre mis labios me sentí profundamente emocionada".

Últimas conversaciones 12 VIII

9
Textos de forja

El Beato Josemaría, en su libro Forja, se dirige a Dios con frecuencia. Entresacamos algunas de esas frases, que puedes repetirle tú a Dios y comentarlas con Él aplicándolas a tu persona y a tu vida.

1.9 "Señor, que nos haces participar del milagro de la Eucaristía: te pedimos que no te escondas, que vivas con nosotros, que te veamos, que te toquemos, que te sintamos, que queramos estar siempre junto a ti, que seas el Rey de nuestras vidas y de nuestros trabajos".

2.9 "Señor mío Jesús: haz que sienta, que secunde de tal modo tu gracia, que vacíe mi corazón..., para que lo llenes tú, mi Amigo, mi Hermano, mi Rey, mi Dios, ¡mi Amor!"

3.9 "¡Dios mío, enséñame a amar! –¡Dios mío, enséñame a orar!

FORJA

Jesús, si en mí hay algo que te desagrada, dímelo, para que lo arranquemos.

Dios mío, ¿cuándo me voy a convertir?"

4.9 "Señor, que desde ahora sea otro: que no sea 'yo', sino 'aquél' que Tú deseas.

Que no te niegue nada de lo que me pidas. Que sepa orar. Que sepa sufrir. Que nada me preocupe, fuera de tu gloria. Que sienta tu presencia de continuo.

Que ame al Padre. Que te desee a ti, mi Jesús, en una permanente Comunión. Que el Espíritu Santo me encienda".

5.9 "'Domine, tu scis quia amo te!' –¡Señor, Tú sabes que te amo!: cuántas veces, Jesús, repito y vuelvo a repetir, como una letanía agridulce, esas palabras de tu Cefas (*San Pedro*): porque sé que te amo, pero ¡estoy tan poco seguro de mí!, que no me atrevo a decírtelo claro. ¡Hay tantas negaciones en mi vida perversa! 'Tu scis, Domine!' –¡Tú sabes que te amo! –Que mis obras, Jesús, nunca desdigan estos impulsos de mi corazón.

Madre mía, Refugio de pecadores, ruega por mí; que nunca más entorpezca la obra de Dios en mi alma".

6.9 "Señor, te pido un regalo: Amor... un Amor que me deje limpio. –Y otro regalo aún: conocimiento propio, para llenarme de humildad.

Jesús, Amor, ¡pensar que puedo volver a ofenderte!... 'Tuus sum ego saivum me fac!' –soy tuyo: ¡sálvame!"

7.9 "¿Qué te he hecho, Jesús, para que así me quieras? Ofenderte y amarte.

Amarte: a esto va a reducirse mi vida. Dolido de tanta caída, de aquí en adelante –con la ayuda de Dios– estaré siempre en la Cruz".

8.9 "¡Jesús, hasta la locura y el heroísmo! Con tu gracia, Señor, aunque me sea preciso morir por ti, ya no te abandonaré".

9.9 "Dios mío: ¿cómo puede ser que vea un Crucifijo, y no clame de dolor y de amor?

Señor, mira que estoy enfermo; Señor, tú, que por amor has muerto en la Cruz por mí, ven a curarme".

10.9 "Señora, Madre nuestra, el Señor ha querido que fueras tú, con tus manos, quien cuidara a Dios: ¡enséñame –enséñanos a todos– a tratar a tu Hijo!

Virgen Inmaculada, ¡Madre!, no me abandones: mira cómo se llena de lágrimas mi pobre corazón. –¡No quiero ofender a mi Dios!"

11.9 "Ya sé, y pienso que no lo olvidaré nunca, que no valgo nada: ¡cuánto me pesa mi poquedad, mi soledad! Pero... no estoy solo: tú, Dulce Señora, y mi Padre Dios no me dejáis.

No me dejes, ¡Madre!: haz que busque a tu Hijo; haz que encuentre a tu Hijo; haz que ame a tu Hijo... ¡con todo mi ser! –Acuérdate, Señora, acuérdate.

Madre mía del Cielo haz que yo vuelva al fervor, al entregamiento, a la abnegación: en una palabra, al Amor. Todo lo espero de ti, Jesús mío: ¡conviérteme!"

12.9 "Dame gracia para dejar todo lo que se refiere a mi persona. Yo no debo tener más preocupaciones que tu Gloria.... en una palabra, tu Amor –¡Todo por Amor!"

13.9 "Dame, Jesús, Cruz sin cirineos. Digo mal: tu gracia, tu ayuda me hará falta, como para todo; sé tú mi Cirineo. Contigo, mi Dios, no hay prueba que me espante...

Pero, ¿y si la Cruz fuera el tedio, la tristeza? –Yo te digo, Señor, que Contigo estaría alegremente triste.

No perdiéndote a ti, para mí no habrá pena que sea pena".

14.9 "Dame, Señor, el amor con que quieres que te ame".

15.9 "Jesús mío quiero corresponder a tu Amor, pero soy flojo.

¡Con tu gracia, sabré!

Si he de hacer algo de provecho, Jesús, has de hacerlo tú por mí. Que se cumpla tu voluntad: la amo, ¡aunque tu voluntad permita que yo esté siempre como ahora, penosamente cayendo, y tú levantándome!"

16.9 "Hazme santo, mi Dios, aunque sea a palos. No quiero ser la rémora de tu voluntad. Quiero corresponder, quiero ser generoso... Pero, ¿qué querer es el mío? o Señor, que no nos inquieten nuestras pasadas miserias ya perdonadas, ni tampoco la posibilidad de miserias futuras; que nos abandonemos en tus manos misericordiosas; que te hagamos presentes nuestros deseos de santidad y apostolado, que laten como rescoldos bajo las cenizas de una aparente frialdad... Señor, sé que nos escuchas".

17.9 "¡Madre mía! Las madres de la tierra miran con mayor predilección al hijo más débil, al más enfermo, al más corto, al pobre lisiado...

¡Señora!, yo sé que tú eres más Madre que todas las madres juntas... –Y como yo soy tu hijo... Y como yo soy débil, y enfermo... y lisiado... y feo...".

18.9 "Señor, tú eres el que eres. Yo soy la negación. Tú tienes todas las perfecciones: el poder, la fortaleza, el amor, la gloria, la sabiduría, el imperio, la dignidad... Si yo me uno a ti, como un hijo cuando se pone en los brazos fuertes de su padre o en el regazo maravilloso de su madre, sentiré el calor de tu divinidad, sentiré las luces de tu sabiduría, sentiré correr por mi sangre tu fortaleza".

19.9 "Jesús, si alguna vez se insinúa en mi alma la duda entre lo que tú me pides o seguir otras ambiciones nobles, te digo desde ahora que prefiero tu camino, cueste lo que cueste. ¡No me dejes!

No me abandones, Señor mío: ¿no ves a qué abismo sin fondo iría a parar este pobre hijo tuyo?"

20.9 "Madre mía: soy también hijo tuyo. Jesús, sabiendo que te quiero y que me quieres, lo demás nada me importa: todo va bien".

21.9 "¡Gracias, Señor, porque, –al permitir la tentación– nos das también la hermosura y la fortaleza de tu gracia, para que seamos vencedores! ¡Gracias, Señor, por las tentaciones, que permites para que seamos humildes!"

22.9 "Jesús, que en tu Iglesia Santa perseveren todos en el camino, siguiendo su vocación cristiana, como los Magos siguieron la estrella: despreciando los consejos de Herodes..., que no les faltarán".

23.9 "¡Señor, sólo quiero servirte! ¡Sólo quiero cumplir mis deberes, y amarte con alma enamorada! Hazme sentir tu paso firme a mi lado. Sé tú mi único apoyo".

24.9 "Señor, nada quiero más que lo que tú quieras. Aun lo que en estos días vengo pidiéndote, si me aparta un milímetro de la voluntad tuya, no me lo des".

25.9 "Jesús, en tus brazos confiadamente me pongo, escondida mi cabeza en tu pecho amoroso, pegado mi corazón a tu Corazón: quiero, en todo, lo que tú quieras".

26.9 "Madre nuestra, ¡nuestra Esperanza!, ¡qué seguros estamos, pegaditos a ti, aunque todo se bambolee!"

27.9 "Señor, tú eres el de siempre. Dame la fe de aquellos varones que supieron corresponder a tu gracia y que obraron –en tu nombre– grandes milagros, verdaderos prodigios... que los harás; pero, también me consta que quieres que se te pidan, que quieres que te busquemos, que llamemos fuertemente a las puertas de tu corazón".

28.9 "Jesús mío: lo mío es tuyo, porque lo tuyo es mío y lo mío lo abandono en ti".

29.9 "Señor: aunque sea miserable, no dejo de comprender que soy instrumento divino en tus manos".

30.9 "Oh, Jesús, ayúdame, hazme tuyo de veras: que arda y me consuma, a fuerza de pequeñas cosas inadvertidas para todos".

31.9 "Jesús, que tu Sangre de Dios penetre en mis venas, para hacerme vivir, en cada instante, la generosidad de la Cruz".

32.9 "Me miro a mí mismo y me encuentro tan nadie, tan ignorante y tan pobre, en una palabra, tan pequeño..., que me llenaría de confusión y de vergüenza si no supiera que tú me quieres así".

33.9 "Señor, solamente confiaré en ti. Ayúdame, para que te sea fiel, porque sé que de esta fidelidad en servirte, dejando en tus manos todas mis solicitudes y cuidados, puedo esperarlo todo".

34.9 "Jesús, que mis distracciones sean distracciones al revés: en lugar de acordarme del mundo, cuando trate Contigo, que me acuerde de ti, al tratar las cosas del mundo".

35.9 "Dulce Madre..., llévanos hasta la locura que haga, a otros, locos de nuestro Cristo".

10
Orar con salmos

A) ALGUNOS SALMOS

Los Salmos son oraciones que Dios dictó al pueblo judío hace muchos siglos, para que los hombres le dijésemos esas oraciones. Le rezamos con sus propias palabras. Por eso tienen una sabiduría especial. Dile cada estrofa, y coméntala con Él dándole vueltas. Cada vez irás entendiendo más.

Homenaje a Aquél que lo sabe todo — Salmo 139 (138)

Dios es "el que me ve", "el señor de la visión". En cada ocasión me ve "a mí". Ojalá entreveas un poco la mirada de sus amantes y tranquilos ojos. Ojalá sientas la fuerza de las palabras "me ve".

Tú me escrutas, Yahvé, y me conoces;
sabes cuándo me siento y me levanto,
mi pensamiento percibes desde lejos;
de camino o acostado, tú lo adviertes,

SALMOS

familiares te son todas mis sendas.
Aún no llega la palabra a mi lengua,
y tú, Yahvé, la conoces por entero;
me rodeas por detrás y por delante,
tienes puesta tu mano sobre mí.
Maravilla de ciencia que me supera,
tan alta que no puedo alcanzarla.
¿Adónde iré lejos de tu espíritu,
adónde podré huir de tu presencia?
Si subo hasta el cielo, allí estás tú,
si me acuesto en el Seol, allí estás.
Si me remonto con las alas de la aurora,
si me instalo en los confines del mar,
también allí tu mano me conduce,
también allí me alcanza tu diestra.
Si digo: «Que me cubra la tiniebla,
que la noche me rodee como un ceñidor»,
no es tenebrosa la tiniebla para ti,
y la noche es luminosa como el día.
Porque tú has formado mis riñones,
me has tejido en el vientre de mi madre;
te doy gracias por tantas maravillas:
prodigio soy, prodigios tus obras.
Mi aliento conocías cabalmente,
mis huesos no se te ocultaban,
cuando era formado en lo secreto,
tejido en las honduras de la tierra.
Mi embrión veían tus ojos;

en tu libro están inscritos
los días que me has fijado,
sin que aún exista el primero.
¡Qué arduos me resultan tus pensamientos,
oh Dios, qué incontable es su suma!
Si los cuento, son más que la arena;
al terminar, todavía estoy contigo.
¡Oh Dios, si mataras al malvado,
si los sanguinarios se apartaran de mí!
Ellos que hablan de ti dolosamente,
tus adversarios que se alzan en vano.
¿No odio, Yahvé, a los que te odian?
¿No me asquean los que se alzan contra ti?
Los odio en el colmo del odio,
los tengo por enemigos.
Sondéame, oh Dios, conoce mi corazón,
examíname, conoce mis desvelos.
Que mi camino no acabe mal,
guíame por el camino eterno.

Los dos caminos — Salmo 1

El hombre recibe de Dios la posibilidad de hacer el bien: no es sólo un deber. Poder hacerlo es un gozo. ¿Tú meditas sus palabras?

Feliz quien no sigue consejos de malvados
ni anda mezclado con pecadores

ni en grupos de necios toma asiento,
sino que se recrea en la ley de Yahvé,
susurrando su ley día y noche.
Será como árbol plantado entre acequias,
da su fruto en sazón, su fronda no se agosta.
Todo cuanto emprende prospera:
pero no será así con los malvados.
Serán como tamo impulsado por el viento.
No se sostendrán los malvados en el juicio,
ni los pecadores en la reunión de los justos.
Pues Yahvé conoce el camino de los justos,
pero el camino de los malvados se extravía.

Himno para la guerra y la victoria — Salmo 144 (143)

Oración por la victoria y la paz. Paz, en primer lugar, en mi interior. Y hay paz como consecuencia de la guerra que sostengo conmigo mismo, luchando contra mi egoísmo y mis pasiones, que tratan de quitarme la libertad verdadera.

Bendito Yahvé, mi Roca,
que adiestra mis manos para el combate,
mis dedos para la batalla.
Es mi aliado y mi baluarte,
mi alcázar y libertador,
el escudo que me cobija,
el que me somete pueblos.

¿Qué es el hombre, Yahvé, para ocuparte,
el ser humano para que pienses en él?
El hombre es semejante a un soplo,
sus días, como sombra que pasa.
¡Inclina, Yahvé, tus cielos y desciende,
toca las montañas y que echen humo;
fulmina el rayo y dispérsalos,
lanza tus flechas y trastórnalos!
Extiende tus manos desde lo alto,
líbrame de las aguas caudalosas,
sálvame de la mano de extranjeros,
cuya boca profiere falsedades
y su diestra es diestra de mentira.
Te cantaré, oh Dios, un cántico nuevo,
tañeré para ti el arpa de diez cuerdas,
tú que das a los reyes la victoria,
que salvas a David tu servidor.
De la espada funesta sálvame,
líbrame de la mano de extranjeros,
cuya boca profiere falsedades
y su diestra es diestra de mentira.
Sean nuestros hijos como plantas
pomposas desde la juventud;
nuestras hijas, columnas talladas,
esculpidas como para un palacio.
Estén nuestros graneros rebosantes,
repletos de frutos variados;
que nuestras ovejas, a millares,

se multipliquen en nuestros prados;
vuelvan cargadas nuestras bestias.
Que no haya brechas ni aberturas,
ni gritos en nuestras plazas.
¡Feliz el pueblo a quien así sucede,
feliz el pueblo cuyo Dios es Yahvé!

Sed de Dios — Salmo 63 (62)

El alma sedienta de Dios. Manifiéstale con estas palabras el deseo que tienes de Él.

(*De David. Cuando estaba en el desierto de Judá*)
Dios, tú mi Dios, yo te busco,
mi ser tiene sed de ti,
por ti languidece mi cuerpo,
como erial agotado, sin agua.
Así como te veía en el santuario,
contemplando tu fuerza y tu gloria,
–pues tu amor es mejor que la vida,
por eso mis labios te alaban–,
así quiero bendecirte en mi vida,
levantar mis manos en tu nombre;
me saciaré como de grasa y médula,
mis labios te alabarán jubilosos.
Si acostado me vienes a la mente,
quedo en vela meditando en ti,
porque tú me sirves de auxilio
y exulto a la sombra de tus alas;

mi ser se aprieta contra ti,
tu diestra me sostiene.
Mas los que tratan de acabar conmigo,
¡caigan en las honduras de la tierra!
¡Sean pasados a filo de espada,
sirvan de presa a los chacales!
Pero el rey en Dios se alegrará,
el que jura por él se felicitará,
cuando cierren la boca a los mentirosos.

El Buen Pastor — Salmo 23 (22)

Aquí hablas sintiéndote miembro del rebaño de Dios, con una segura confianza en tu Pastor. Fomenta los deseos de confiar en sus cuidados.

Yahvé es mi pastor, nada me falta.
En verdes pastos me hace reposar.
Me conduce a fuentes tranquilas,
allí reparo mis fuerzas.
Me guía por cañadas seguras
haciendo honor a su nombre.
Aunque fuese por valle tenebroso,
ningún mal temería,
pues tú vienes conmigo;
tu vara y tu cayado me sosiegan.
Preparas ante mí una mesa,
a la vista de mis enemigos;
perfumas mi cabeza,

mi copa rebosa.
Bondad y amor me acompañarán
todos los días de mi vida,
y habitaré en la casa de Yahvé
un sinfín de días.

Elogio de la ley divina

Salmo 119 (118), 25-40

Una extraordinaria colección de gritos de auxilio, de ayuda, para dirigir con fuerza al Dios Creador y Omnipotente.

Estoy abatido en el polvo,
hazme vivir por tu palabra.
Te conté mi vida y me respondiste,
enséñame tus preceptos.
Indícame el camino hacia tus mandatos
y meditaré en todas tus maravillas.
Me deshago en lágrimas por la pena,
sosténme conforme a tu palabra.
Aléjame del camino de la mentira
y dame la gracia de tu ley.
He escogido el camino de la lealtad,
me conformo a tus disposiciones.
Me mantengo adherido a tus preceptos,
no me confundas, Yahvé.
Recorro el camino de tus mandatos,
pues tú dilatas mi corazón.

He.
Enséñame, Yahvé, el camino de tus preceptos,
lo quiero recorrer como recompensa.
Dame inteligencia para guardar tu ley
y observarla de todo corazón.
Llévame por la senda de tus mandatos,
que en ella me siento complacido.
Inclina mi corazón a tus dictámenes,
y no a ganancias injustas.
Aparta mis ojos de la vanidad,
hazme vivir por tu palabra.
Mantén a tu siervo tu promesa,
que conduce a tu temor.
Apártame el oprobio que me espanta,
pues son buenas tus decisiones.
Mira que anhelo tus ordenanzas,
hazme vivir por tu justicia.

Bajo las alas divinas — Salmo 91 (90)

Tres personas protagonizan el salmo. El que lo dice, que expone su experiencia con mil imágenes que ilustran el cuidado de Dios hacia quien vive bajo su amparo. Quien escucha, que puedes ser tú. Y Dios, que habla en los últimos versos.

El que habita al amparo de Elyón
y mora a la sombra de Shaddai,
diga a Yahvé: «Refugio, baluarte mío,

mi Dios, en quien confío».
Pues él te libra de la red del cazador,
de la peste funesta;
con sus plumas te protege,
bajo sus alas hallas refugio:
escudo y armadura es su fidelidad.
No temerás el terror de la noche,
ni la saeta que vuela de día,
ni la peste que avanza en tinieblas,
ni el azote que devasta a mediodía.
Aunque caigan mil a tu lado
y diez mil a tu derecha,
a ti no te alcanzará.
Basta con que fijes tu mirada,
verás la paga de los malvados,
tú que dices: «Yahvé es mi refugio»,
y tomas a Elyón por defensa.
El mal no te alcanzará,
ni la plaga se acercará a tu tienda;
que él ordenará a sus ángeles
que te guarden en todos tus caminos.
Te llevarán ellos en sus manos,
para que en piedra no tropiece tu pie;
pisarás sobre el león y la víbora,
hollarás al leoncillo y al dragón.
Puesto que me ama, lo salvaré,
lo protegeré, pues me reconoce.

Me llamará y le responderé,
estaré a su lado en la desgracia,
lo salvaré y lo honraré.
Lo saciaré de larga vida,
haré que vea mi salvación.

Alabanza de la creación Salmo 148

Alabar significa reconocer como tal lo bueno, lo valioso, lo hermoso; reconocerlo, valorarlo y decirlo. Y eso es un gozo para quien lo escucha, y para quien lo dice. Todos los elementos de la creación alaban a Dios, su Creador, en el corazón y por la boca del hombre; por tu boca si le diriges este salmo como una alabanza.

¡Aleluya!
¡Alabad a Yahvé desde el cielo,
alabadlo en las alturas,
alabadlo, todos sus ángeles,
todas sus huestes, alabadlo!
¡Alabadlo, sol y luna,
alabadlo, estrellas lucientes,
alabadlo, cielos de los cielos,
aguas que estáis sobre los cielos!
Alaben ellos el nombre de Yahvé,
pues él lo ordenó y fueron creados;
él los fijó por siempre, por los siglos,
les dio una ley que nunca pasará.
¡Alabad a Yahvé desde la tierra,

monstruos del mar y abismos todos,
fuego y granizo, nieve y bruma,
viento tempestuoso, que hace su voluntad,
montañas y todas las colinas,
árboles frutales y todos los cedros,
fieras y todos los ganados,
reptiles y pájaros que vuelan,
reyes de la tierra y pueblos todos,
dignatarios y jueces de la tierra,
jóvenes y doncellas también,
los viejos junto con los niños!
Alaben el nombre de Yahvé:
sólo su nombre es sublime,
su majestad sobre el cielo y la tierra.
Él realza el vigor de su pueblo,
orgullo de todos sus fieles,
de los hijos de Israel, pueblo de sus íntimos.

Esplendores de la creación **Salmo 104 (103) vv. 1, 2, 24-35**

Todo lo que ocurre viene de la iniciativa de Dios.

¡Bendice, alma mía, a Yahvé!
¡Yahvé, Dios mío, qué grande eres!
Vestido de esplendor y majestad,
te arropa la luz como un manto,
como una tienda extiendes el cielo.
¡Cuán numerosas tus obras, Yahvé!

Todas las hiciste con sabiduría,
de tus creaturas se llena la tierra.
Está el mar: grande y dilatado,
con un incontable hervidero
de animales, grandes y pequeños;
lo surcan los navíos y Leviatán,
a quien creaste para jugar con él.
Todos ellos esperan de ti
que les des su comida a su tiempo;
se la das y ellos la toman,
abres tu mano y se sacian de bienes.
Si escondes tu rostro, desaparecen,
les retiras tu soplo y expiran,
y retornan al polvo que son.
Si envías tu aliento, son creados,
y renuevas la faz de la tierra.
¡Gloria a Yahvé por siempre,
en sus obras Yahvé se regocije!
El que mira a la tierra y tiembla,
toca los montes y humean.
Cantaré a Yahvé mientras viva,
tañeré para mi Dios mientras exista.
¡Que le sea agradable mi poema!
Yo tengo mi gozo en Yahvé.
¡Desaparezcan los pecadores de la tierra,
nunca más existan los malvados!
¡Bendice, alma mía, a Yahvé!

El único Dios verdadero

Salmo 115 (113 B)

El pueblo escogido, durante los años que pasó desterrado en Egipto, conoció los dioses paganos, y los compara en este salmo con su Dios. Aquellos son vacíos: tienen ojos, labios, etc, pero no ven, ni hablan; no son nada. Lo que es el hombre está determinado por la divinidad en que cree y confía: los dioses vacíos, vacían al hombre. Sin embargo, su Dios está en el cielo y actúa. Este salmo es actual: cuando no vivimos con Dios, confiamos en otras cosas vacías, y nos hacemos nada.

¡No a nosotros, Yahvé, no a nosotros,
sino a tu nombre da gloria,
por tu amor y tu lealtad!
Que no digan los paganos:
«¿Dónde está tu Dios»?
Nuestro Dios está en el cielo,
y hace todo cuanto quiere.
Plata y oro son sus ídolos,
obra de la mano del hombre.
Tienen boca y no hablan,
tienen ojos y no ven,
tienen orejas y no oyen,
tienen nariz y no huelen.
Tienen manos y no palpan,
tienen pies y no caminan,
tienen garganta sin voz.
¡Sean como ellos los que los hacen,

los que en ellos ponen su confianza!
Casa de Israel, confía en Yahvé,
él es su auxilio y su escudo;
casa de Aarón, confía en Yahvé,
él es su auxilio y su escudo;
leales a Yahvé, confiad en Yahvé,
él es su auxilio y su escudo.
Yahvé se acuerda y nos bendice:
Bendice a la casa de Israel,
bendice a la casa de Aarón,
bendice a los leales a Yahvé,
a todos, pequeños y grandes.
¡Que Yahvé os multiplique,
a vosotros y a vuestros hijos!
¡Benditos seáis de Yahvé,
que hizo el cielo y la tierra!
El cielo es el cielo de Yahvé,
la tierra se la ha dado al hombre.
Los muertos no alaban a Yahvé,
ninguno de los que bajan al Silencio.
Nosotros, los vivos, bendecimos a Yahvé,
desde ahora y por siempre.

B) PARA FOMENTAR EL DOLOR Y PEDIR PERDÓN

Te compadeces de todos, Señor, y no odias nada de lo que has hecho; cierras los ojos a los pecados de los hombres para que se arrepientan y los perdonas, porque tú eres nuestro Dios y Señor.

Escucha, Señor, y ten piedad de mí; Señor, socórreme.

Respóndenos, Señor, con la bondad de tu gracia; por tu gran compasión vuélvete hacia nosotros, Señor.

Como están los ojos de los esclavos fijos en las manos de sus señores, así están nuestros ojos en el Señor Dios nuestro esperando misericordia. Misericordia, Señor, misericordia.

Señor, tú has sido nuestro refugio de generación en generación. Desde siempre y por siempre tú eres Dios.

Recuerda, Señor, que tu ternura y tu misericordia son eternas. Que no triunfen sobre nosotros nuestros enemigos. Sálvanos, Dios de Israel, de todos nuestros peligros.

Señor, escucha mis palabras, atiende a mis gemidos, haz caso de mis gritos de socorro, Rey mío y Dios mío.

Señor, ensancha mi corazón oprimido y sácame de mis tribulaciones. Mira mis trabajos y mis penas y perdona todos mis pecados.

Oigo en mi corazón: "Buscad mi rostro". Tu rostro buscaré, Señor; no me escondas tu rostro. Da luz a mis ojos para que no duerma en la muerte; para que no diga mi enemigo: "Le he podido".

No me abandones, Señor, Dios mío, no te quedes lejos; ven aprisa a socorrerme, Señor mío, mi salvación.

A ti, Señor, me acojo; no quede yo nunca defraudado; sácame de la red que me han tendido, porque tú eres mi amparo.

Tengo los ojos puestos en el Señor, porque él saca mis pies de la red. Mírame, oh Dios, y ten piedad de mí, que estoy solo y afligido.

Mi alma se consume y anhela los atrios del Señor, mi corazón y mi carne retozan por el Dios vivo.

Yo te invoco porque tú me respondes, Dios mío; inclina el oído y escucha mis palabras. Guárdame como a las niñas de tus ojos, a la sombra de tus alas escóndeme.

Asegura mis pasos con tu promesa, Señor, que ninguna maldad me domine.

No tienes igual entre los dioses, Señor: Grande eres tú y haces maravillas, tú eres el único Dios.

Bendice, alma mía, al Señor y no olvides sus beneficios. Él perdona todas tus culpas.

Yo confío en el Señor; tu misericordia sea mi gozo y mi alegría. Te has fijado en mi aflicción.

Mi oración se dirige hacía ti, Dios mío, el día de tu favor; que me escuche tu gran bondad, que tu fidelidad me ayude.

Me cercaban olas mortales, me envolvían las redes del abismo; en el peligro invoqué al Señor, desde su templo él escuchó mi voz.

Hazme justicia, oh Dios, defiende mi causa, contra gente sin piedad; sálvame del hombre traidor y malvado. Tú eres mi Dios y protector.

Misericordia, Dios mío, que me hostigan, me atacan y me acosan todo el día.

Espera en el Señor, sé valiente, ten ánimo, espera en el Señor.

Señor, no te quedes lejos; fuerza mía, ven corriendo a ayudarme. Soy un gusano, no un hombre; vergüenza de la gente, desprecio del pueblo.

Yo soy la salvación del pueblo –dice el Señor–. Cuando me llamen desde el peligro, yo las escucharé y seré para siempre su Señor.

El Señor es clemente y misericordioso, lento a la cólera y rico en piedad; el Señor es bueno con todos, es cariñoso con todas sus criaturas.

C) PARA DESEAR SU VENIDA Y LA ESPERANZA

A ti, Señor, levanto mi alma: Dios mío, en ti confío; no quedo yo defraudado; que no triunfen de mí mis enemigos, pues los que esperan en ti no quedan defraudados.

Tú, Señor, estás cerca y todos tus mandatos son estables; hace tiempo comprendí tus preceptos, porque tú existes desde siempre.

Ven, Señor, tú que sientas sobre querubines, que brille tu rostro y nos salve.

Estad siempre alegres en el Señor; os lo repito, estad alegres. El Señor está cerca.

Exulta, cielo; alégrate, tierra, porque viene el Señor y se compadecerá de los desamparados.

El que viene llegará sin retraso y ya no habrá temor en nuestra tierra porque él es nuestro Salvador.

Brotará un renuevo del tronco de Jesé y la gloria del Señor llenará toda la tierra. Todos verán la salvación de Dios.

Muy pronto vendrá el Señor, que dominará los pueblos, y se llamará Enmanuel, porque tendremos a Dios con nosotros.

Escuchad, pueblos, la palabra del Señor; anunciadla en los confines de la tierra: Mirad a nuestro

Salvador que viene; no temáis.

Vendrá el Señor y con él todos sus santos; aquel día brillará una gran luz.

El Señor llegará sin retrasarse, él iluminará lo que esconden las tinieblas y se manifestará a todos los pueblos.

El Señor viene con esplendor a visitar a su pueblo con la paz y comunicarle la vida eterna.

D) PARA DAR GRACIAS Y ALEGRARSE CON DIOS

He resucitado y aún estoy contigo, has puesto sobre mí tu mano: tu sabiduría ha sido maravillosa.

Ensalzaron a coro tu brazo victorioso, Señor, porque la sabiduría abrió la boca de los mudos y soltó la lengua de los niños.

Te daré gracias entre las naciones, Señor; contaré tu fama a mis hermanos.

Oh Dios, cuando salías al frente de tu pueblo, y acampabas con ellos y llevabas sus cargas, la tierra tembló, el cielo destiló.

Con tu sangre, Señor, has comprado para Dios hombres de toda tribu, lengua, pueblo y nación; has hecho de ellos una dinastía sacerdotal que sirva a Dios.

Llena está mi boca de tu alabanza y de tu gloria. Te aclamarán mis labios, Señor.

Digno es el Cordero degollado de recibir el poder, la riqueza, la sabiduría, la fuerza y el honor.

El Señor os ha introducido en una tierra que mana leche y miel, para que tengáis en los labios la ley del Señor.

El Señor ha resucitado de entre los muertos, como lo había dicho; alegrémonos y regocijémonos todos, porque reina para siempre.

El Señor condujo a su pueblo seguro, mientras el mar cubría a su enemigos.

El Señor sacó a su pueblo con alegría, a sus escogidos con gritos de triunfos.

Cristo, una vez resucitado de entre los muertos, ya no muere más; la muerte ya no tiene dominio sobre él.

Venid vosotros, benditos de mi Padre; heredad el reino preparado para vosotros desde la creación del mundo.

La misericordia del Señor llena la tierra, la palabra del Señor hizo el cielo.

Cuando el Espíritu Santo descienda sobre vosotros, recibiréis fuerza para ser mis testigos hasta los confines del mundo.

Yo soy el primero y el último, yo soy el que vive. Estaba muerto y, ya veis, vivo por los siglos de los siglos.

Como el niño recién nacido, ansiad la leche auténtica, no adulterada, para crecer con ella sanos.

Alegraros en vuestra gloria, dando gracias a Dios, que os ha llamado al reino celestial...

Con alegría y regocijo demos gloria a Dios, porque ha establecido su reinado el Señor, nuestro Dios todopoderoso...

Aclamad al Señor, tierra entera; tocad en honor de su nombre, cantad himnos a su gloria.

Ha resucitado el buen pastor, que dio la vida por sus ovejas y se dignó morir por su grey.

Alabad a nuestro Dios, todos los que le teméis, pequeños y grandes, porque ya llega la victoria, el poder y el mando de su Mesías.

Pueblos todos, batid palmas, aclamad a Dios con gritos de júbilo.

Les dio a beber agua de prudencia; apoyados en ella no vacilarán, los ensalzará para siempre.

Acerquémonos con seguridad al trono de la gracia, para alcanzar misericordia y encontrar gracia que nos auxilie oportunamente.

Cristo nos amó, nos ha librado de nuestros pecados por su sangre, nos ha convertido en su reino y hecho sacerdotes de Dios, su Padre.

E) PARA ALABAR A DIOS

Que se postre ante ti, oh Dios, la tierra entera; que toquen en tu honor; que toquen para tu nombre, oh Altísimo.

Sálvanos, Señor Dios nuestro; reúnenos entre los gentiles: daremos gracias a tu santo nombre y alabarte será nuestra gloria.

Sé la roca de mi refugio, Señor, un baluarte donde me salve, tú que eres mi roca y mi baluarte; por tu nombre dirígeme y guíame.

Señor, yo confío en tu misericordia: alegra mi corazón con tu auxilio y cantaré al Señor por el bien que me ha hecho.

Mírame, oh Dios, y ten piedad de mí, que estoy solo y afligido. Mira mis trabajos y mis penas y perdona todos mis pecados, Dios mío.

Escúchame, Señor, que te llamo. Tú eres mi auxilio; no me deseches, no me abandones, Dios de mi salvación.

Dios mío, dígnate a librarme; Señor, date prisa en socorrerme. Que tú eres mi auxilio y mi liberación: Señor, no tardes.

Piensa, Señor, en tu alianza, no olvides sin remedio la vida de tus pobres. Levántate, oh Dios, defiende tu causa, no olvides las voces de los que acuden a ti.

Fíjate, oh Dios, en nuestro escudo; mira el rostro de tu Ungido. Vale más un día en tus atrios que mil en mi casa.

Inclina tu oído, Señor, escúchame. Salva a tu siervo que confía en ti. Piedad de mí, Señor, que a ti te estoy llamando todo el día.

Piedad de mí, Señor; que a ti te estoy llamando todo el día, porque tú, Señor, eres bueno y clemente, rico en misericordia con los que te invocan.

Lo que has hecho con nosotros, Señor, es un castigo merecido, porque hemos pecado contra ti y no pusimos por obra lo que nos habías mandado; pero da gloria a tu nombre y trátanos según tu abundante misericordia.

En tu poder, Señor, está todo; nadie puede resistir a tu decisión. Tú creaste el cielo y la tierra y las maravillas todas que hay bajo el cielo. Tú eres dueño del universo.

Si llevas cuenta de los delitos, Señor, ¿quién podrá resistir? Pero de ti procede el perdón, Dios de Israel.

Yo te invoco porque tú me respondes, Dios mío; inclina el oído y escucha mis palabras. Guárdame como a las niñas de tus ojos; a la sombra de tus alas escóndeme.

El Señor fue mi apoyo: me sacó a un lugar espacioso, me libró, porque me amaba.

El Señor es mi luz y mi salvación: ¿a quién temeré? El Señor es la defensa de mi vida: ¿quién me hará temblar? Ellos, mis enemigos y adversarios, tropiezan y caen.

El Señor es fuerza para su pueblo, apoyo y salvación para su ungido. Salva a tu pueblo y bendice tu heredad, sé su pastor y llévalos siempre.

Dios es mi auxilio, el Señor sostiene mi vida. Te ofreceré un sacrificio voluntario dando gracias a tu nombre, que es bueno.

Dios vive en su santa morada. Dios, que prepara casa a los desvalidos, da fuerza y poder a su pueblo.

Cantad al Señor un cántico nuevo, cantad al Señor, toda la tierra. Honor y majestad le preceden, fuerza y esplendor están en su templo.

Entrad, postrémonos por tierra, bendiciendo al Señor, creador nuestro. Porque él es nuestro Dios.

Pueblos todos, batid palmas, aclamad a Dios con gritos de júbilo.

Digno es el Cordero degollado de recibir el poder, la riqueza, la sabiduría, la fuerza y el honor. A él la gloria y el poder, por los siglos de los siglos.

Bendición con el Santísimo

¿**Qué es la bendición?** Jesucristo, antes de irse al Cielo, bendice a los hombres que estaban con Él. Y sigue bendiciendonos cuando Él, presente en la Hostia, dejándose llevar en las manos del sacerdote, nos hace la señal de la cruz.

Antes y después de lo que es propiamente la bendición, aprovechamos para adorarle, para darle –hablando humanamente– un gustazo; procuramos que esté a gusto con nosotros, que disfrute con sus criaturas.

¿**Qué quiere decir que Jesús me bendice?** Bendecir: decir bien; y lo que Dios dice se hace. Cuando bendice, dice y hace el bien, da su fuerza, su paz, su gracia, su eficacia a aquello que bendice. Es como si Jesucristo dijese: eso que bendigo lo apoyo, daré la fuerza que necesite, digo bien de eso, cuenta con mi gracia.

¿Por qué bendice Dios? De Dios viene la bendición. "Sólo puede bendecir quien puede crear. El bendecir –escribe Guardini– es en cierto modo una continuación de la creación, a lo largo del tiempo. Hace que lo que ha llegado a ser, tenga consistencia; que prospere lo que está llegando a ser; que lo vivo se haga fértil.

Esa bendición viene de la profundidad sagrada, de la interioridad de Dios, si así se puede decir; de su intención para con los suyos, de quienes 'se acuerda'; a los que no olvida, sino que los tiene presentes sin alteración".

1. Canto inicial

La música es la tradicional del Pange Lingua. Las sílabas con dos notas están en negrita; las de tres notas, en cursiva.

Canta, **len**gua, al glo**rio**so
Cuerpo y Sangre del Se*ñor*.
Canta a la Sangre precio*sa*
que es el precio del per**dón,**
y el Rey, fruto de una Virgen,
por el mun**do de**rramó.

Pangue lingua glosiosi/
Corporis Mystérium./
Sanguinísque pretiosi,/
quem in mundi pretium,/
fructus ventris generósi,/
Rex effúdit géntium.

2. Estación de adoración

Se reza tres veces lo que sigue, terminando con una comunión espiritual.

V: Viva Jesús Sacramentado
R: Viva y de todos sea amado
Padrenuestro, Ave María y Gloria

Comunión espiritual:

Yo quisiera Señor recibiros, con aquella pureza, humildad y devoción con que os recibió vuestra Santísima Madre, con el espíritu y fervor de los santos.

Contem**plan**do tal mis**te**rio,
adoradlo con pa*sión*.
Que la fuerza de la gloria
borre el rostro del te**mor**.
La fe muestra la Presencia
escondi**da de** mi Dios.
Gloria al **Pa**dre, fuerza e**ter**na,
alegría y esplen*dor*.
Gloria al Hijo, a quien dio todo,
pues eterno lo engen**dró**.
Gloria al Espíritu Santo,
Fuego eter**no de** su amor.

3. Canto de adoración

Tantum ergo Sacraméntum.
venerémur cérnui;
et antiquum documéntuum
novo cedat rítni;
praestet fides suppleméntum
sénsuum deféctui.
Gebitóri, Genitóque
laus et jubilátio;
salus, honor, virtus quoque
sit et benedíctio;
procedénti ab utróque
compar sit laudátio.
Amen.

V: Les diste pan del cielo (T.P. Aleluya)
R: Que contiene en sí todo deleite (T.P. Aleluya)

Oración: Oh Dios, que bajo un Sacramento admirable, nos dejaste el memorial de tu Pasión: concédenos que de tal modo veneremos los sagrados misterios de tu Cuerpo y Sangre, que experimentemos constantemente en nosotros el fruto de tu Redención: Tú que vives y reinas por los siglos de los siglos.
R: Amén.

4. Bendición

*Mientras **Jesucristo**, en manos del sacerdote, te hace la señal de la cruz, **clava los ojos en Él**, y **aprovecha para** adorarle, agradecerle, pedirle perdón, y pedirle que bendiga lo que quieras (también tus buenos deseos, intenciones, etc.)*

5. Alabanzas de desagravio

*Dios nos ha bendecido. **AHORA LE BENDECIMOS NOSOTROS A ÉL.** Agradecidos, decimos lo bueno que es nuestro Dios con esta colección de piropos que le echamos a Él y a quienes Él más quiere.*

1. Bendito sea Dios.
2. Bendito sea su santo Nombre.
3. Bendito sea Jesucristo, Dios y Hombre verdadero.
4. Bendito sea el Nombre de Jesús.
5. Bendito sea su Sacratísimo Corazón.
6. Bendita sea su Preciosísima Sangre.
7. Bendito sea Jesús en el Santísimo Sacramento del Altar.
8. Bendito sea el Espíritu Santo Paráclito.
9. Bendita sea la excelsa Madre de Dios, María Santísima.
10. Bendita sea su Santa e Inmaculada Concepción.
11. Bendita sea su gloriosa Asunción.
12. Bendito sea el nombre de María Virgen y Madre.
13. Bendito sea San José, su castísimo Esposo.
14. Bendito sea Dios en sus Angeles y en sus Santos. Amén.

6. Canto final

La música es la tradicional del Laudate Dominum; la cursiva indica la sílaba en la que cambia el tono; la negrita, dos notas.

Cantad al Señor todas las *gen*tes,
cantad al Señor *to*dos los pueblos.
Porque es eterna su miseri*cor*dia
y su verdad permanece para siempre.
Gloria al Padre y al *Hi*jo,
y al Espí*ri***tu** Santo,
como era en un principio, ahora, y *siem*pre,
y por los siglos de *los* siglos. Amén.

Laudáte Dóminum omnes gentes:
Laudáte eum omnes pópuli:
quóniam confirmáta est super nos
misericórdia eius: et véritas
Dómini manet in aetérnum.
Glória Patri et Fílio et Spirítui Sancto:
Sicut erat in principio et nunc et
semper, et in saécula saeculórum. Amen.

Hablar con Jesús

dirigida por

Xame Morell Soler

José Pedro Manglano Castellary

www.manglano.org - hablarconjesus@manglano.org

La Misa: Antes, durante y después
Eucaristía: Velas. Bendición
La Llamada: 12 ideas sueltas. 9 vocaciones contadas
Espíritu Santo. Decenario Pentecostés Confirmación
Corpus Christi
Cuaresma
Mayo
Noviembre. La vida aquí. El cambio. La vida allá
Diciembre. Adviento y Navidad
Convivencias. Guía personal para los ratos de silencio
Orar con Teresa de Lisieux
Camino de Santiago, por Pablo Mª Lacorte
Orar con la Pasión y el Via Crucis
Orar con poetas
Dios Padre, por Manuel Sanlés Olivares
Orar con Teresa de Jesús, por Pedro L. Narváez
Momentos eucarísticos, por J. M. Casasnovas
Orar con el cura de Ars, por J. P. Manglano
Orar con... un pan para cada día, por Agustín Filgueiras Pita
Orar con... los que sufren, por Pedro José Belloso
Orar con el Avemaría, por Vicente Ferrero
Instantes Eucarísticos, por J. M. Casasnovas, s.j.
El Cuarto Mandamiento, 12 ideas sueltas y 9 experiencias por Pedro Latorre
Orar con Teresa de Calcuta por J. P. Manglano y P. de Castro
Evangelio 2004 comentado día a día por J. P. Manglano
Orar 15 días con Francisco y Jacinta de Fátima por Jean-François de Louvencourt
Orar con el padre Pío por Laureano José Benítez y Óscar Alberto Peña
Evangelio 2005 comentado día a día por J. P. Manglano
Orar con una sonrisa diaria, por Agustín Filgueiras Pita

Este libro se terminó
de imprimir
en los talleres de
RGM, S.A., en Bilbao,
el 14 de enero de 2005.